圖解

理財幼幼班 **1** ［修訂版］
從0開始打造理財腦，完成財富自由！

慢賺的修練

翻滾吧！報酬率12％的資產雪球！

法學博士 **錢世傑**

從「最後的十八堂課」到「理財幼幼班」

在大學任教了十幾年，我發覺近幾年學生的年齡層越來越低，學習氛圍也變得比較差。相對地，年紀大一點的學生已經很少看到了。年紀較大的學生，社會歷練較豐富，求學往往是因為有需求。很多知識都是先有需求才有學習的動機，沒有動機，課堂所見就只有一群低頭拼命滑昂貴手機的學生。

我在大學外開設的投資理財課程，不論是受邀或自行舉辦，通常都會酌收一些場地費，但這些場地費對社會人士而言根本就是小意思，因為若能學到關鍵知識，提升自己的競爭力，這樣的投資報酬率是很高的。但學校上課的學生情況可就不一樣了，就算付出少少的學分費可以上18堂課，卻因為年紀輕輕的他們通常還沒有需求，也還未意識到要培養未來的競爭力，18堂課出席率可能10堂不到。等到出了社會有了需求，又開始回頭找課程，但往往都需要付出更多的費用，才能學習如何投資理財。

學生時期若能打好根基，培養好理財觀念，很快地就可以迎向財富自由。但很可惜的是現在學校大多宥於經費不足，不願意也無能力舉辦好的投資理財講座，只想要聘請便宜的講師，而有些講師本身學識有限，使得學生總是學不到優質的投資理財觀念。無論是學生自己有無意願，或是學校無法提供良好學習環境，導致錯失建立基底、培養觀念之機會，都是很可惜的。

慢賺的修練，而非一步登天

2015年6月本書初版迄今，也已經5年有餘，隨著不斷地學習修正，很多投資理論與經驗有所調整，回頭看第一版的內容，覺得有必要改版一下，讓初學者看到本書之後，可以走在更正確的投資道路上，以下是修訂版的改版重點。

① 刪除過時的資料或修正比較無效的方式

有一些資料比較老舊，像是股票的走勢或一些人口結構的數據，雖然大趨勢並沒有太大的改變，但更新一些數據內容，也更能貼近現實狀況；其次，有些投資心態的修練，在實際運作上可能效果不高，例如第27章節原本有限時群組的方法，但後來發現即使是採用限時群組，還是無法激發網友學習的時間壓迫感，因此予以刪除。

② 增加初階學員應該有的認知

有些投資心態覺得還不錯，但在第一版的時候並未納入，像是狙擊手的等待、低檔切入贏一半、賺得剛剛好又多一點等，在第二版修訂版的時候，也將這些內容寫入適當的章節中。

③ 刪除一些理財達人（變質嚴重）的內容

當年有很多優質的投資達人，但是在獲利優先的前提下，會發現這些達人有變質的現象，許多書籍充斥著明牌推薦，臉書貼文也是出自於業配廣告，讓筆者擔心本書推薦了這些書，會讓讀者無條件地接受這些達人的論點，甚至於是這些達人推薦股票名單，因此第二版將所有寫過的達人都刪除。

猶太人有所謂傳世的「塔木德致富寶典」，但是我國卻缺乏系統性的投資理財書籍，本書希望經過時間的淬煉，以及內容不斷地修正，讓這本書可以協助初學者走向正確的投資理財道路，雖然現在出版市場經營的很辛苦，但一本值得分享傳世的經典也是筆者繼續努力的目標。

錢世傑

中華民國 109 年 11 月 10 日

目錄
CONTENTS

Chapter 3 收入滿滿的秘密

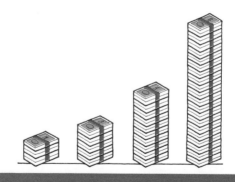

Chapter **6** 投資的修練

1 前言

》派遣工的世界

在寫這本書的過程中，有一天一位照片看起來年紀很輕的小女孩加我 Line 並且敲我。心想：好熟悉的長相，回敲了她，雖然沒有立刻得到回應……但腦中已經回憶起一位很久以前在萬能科技大學教書時遇到的小女孩。

當時我正準備前往教室上課，看到走廊上有一位小女孩，年約十二歲，守在垃圾堆旁邊，疑惑校園內怎麼會有個小女孩蹲在教室外面骯髒的垃圾堆旁？基於曾任國小老師的習慣性，我蹲在她身旁問：「妳怎麼蹲在這邊？爸爸媽媽呢？」

聽著小女孩的回答，我才知道她父親在學校擔任派遣清潔工，小女孩因為在家沒人照顧，所以跟著父親在學校幫忙，現在父親在別的樓層收垃圾，她沒什麼事情做，又無處可去，所以蹲在垃圾堆旁等著父親下班後回家。

「不要在這，到我教室去吧！」不知道為什麼小孩子的瞳孔總是又黑又深，看著小女孩的眼神彷彿能看到幼年時期的自己……

一樣的七零年代，老媽還在工廠煮飯，下了課的我，不知道是不是夢遊，常看到一些怪現象，因為膽子小不敢一個人在家，但也沒地方去，只好站在一樓人家窗外頭看著好期待的卡通。……看了好久好

久的卡通，天色早已昏暗，兩條腿不知道被蚊子叮了多少地方，媽媽看著我語帶不捨、責難地說：「世傑，你怎麼在這邊……」

雖然當時年紀還小，卻能敏感地感受到媽媽不捨我下課後沒人照顧，一個人在外遊蕩。不久後，她辭職改做家庭代工。

兒時片段的記憶一閃而逝，如同電影情節般，意識回到了蹲坐在面前的小女孩。雖然不干我的事情，但想起當年站在別人家窗口外看著電視的我，心想總不能讓這個小女孩坐在冷清的走廊上，附近有上課的教室也不多，發生了危險還是會讓我內疚，便讓她到我教室後面的座位也至少有個照應。

小女孩乖乖地跟著我進了教室，她雖然聽不太懂我上課所講的法律內容，不過沒關係，反正很多大學生也聽不懂。不過，她總是睜著大大的眼睛看著我上課。從此之後，在萬能上課似乎有了一點寄託，我會借幾本適合小孩子的書給她，她也都會在教室門口等著我，隔了幾週，她一定會把書還給我。

小女孩的父親也很放心把她留在我的教室裡，但每次總是很抱歉地說：「老師，不好意思，又麻煩您了。」這位父親似乎想握手感謝，但礙於剛收拾完廁所、還有很多學生亂丟搞得黏黏膩膩的垃圾，我拍了拍這位老實、賺取微薄薪資的派遣清潔工的肩膀，笑笑說著：「沒關係，你女兒很乖，回去都會認真閱讀，還會跟我談談書中的內容。」

但這段忘年的情誼，也在那個學期末就結束了……

小女孩有一天跟我說：「老師，我以後不會在這了！」

「怎麼了？」

我也不太清楚，好像是因為學校要換別家清潔公司，爸爸可能只做最後幾天了，小女孩回答我說。心中有些不捨，似乎在萬能教書的微薄收入中，這一段與小女孩的日子是最有價值的部分，拿出了一張名片，交代了一句：「等你長大了記得跟我聯絡喔！」小女孩離開後我心裡滿是惆悵，有時候看著教室髒亂的環境，常常會順手打掃乾淨，似乎就能回想起那位小女孩。小女孩真的沒有忘記我，靠著那張名片，國中時使用 skype 敲我一次，高中也有打電話給我，現在又加我的 Line，只能說她一直沒有忘記我。

這一些小故事，也許正是我學了一些好的投資技巧，就想要與人分享的原因！不花俏的投資理財知識，真心希望能幫助到這些貧苦的派遣工，以及坐在垃圾堆旁邊等待父母的小女孩。

》我不喜歡錢！？

我遇到過很多人說對錢沒興趣，但卻一直賴在現在看似還不錯的高薪工作，不斷地抱怨工作無聊、上司不好。既然對錢那麼沒興趣，對自己的工作也不滿意，為何不辭掉工作，做自己有興趣的事？

難道是因為現在的薪資比較高，如果轉換到有興趣的工作，卻必須面臨低薪的窘境，所以不想放棄。這種矛盾的心態，在知名理財書《富爸爸，窮爸爸》作者清崎老師的眼中，可是比貪財的人病得更嚴重[1]。

我也認同清崎老師的見解，個人認為人的大腦本來就是一直在恐懼與貪婪中循環，這是長期演化過程中，為了讓人類能持續繁衍下去的兩股力量，讓你產生願意生存下去的動力，例如願意去找食物，願意去找配偶繁衍下一代，如果這些動力不存在，恐怕人類早就滅亡。

---

[1] Robert T. Kiyosaki，《富爸爸，窮爸爸》，第 78 頁。

因此,面對自己喜愛金錢財富的基本人性,又不讓錢財控制自己,而是清楚瞭解自己的想法進而掌控財富,成為一位<u>愛上金錢且不迷失其中</u>的人,這是我們要學習的一堂重要課程。

》投資幸運轉折點

我大概是2007年繳完相關貸款,但2007-2008年又繳車貸,那時候業外收入很普通,每年大約20-50萬元,沒存什麼錢,也沒什麼閒錢投資,但是買了很多儲蓄險,投資當然沒有什麼收益,日子過得有點小掙扎。

2009年我辭職一年,剛好遇到金融海嘯,沒有收入、資產縮水50-60%,那種崩潰的心情讓我決定出國看看這個世界,其中日本就佔了三次。當時並不知道「微笑曲線」,愈低愈要加碼的概念,所幸很快資產又恢復原狀,也讓我學到低點必須具備加碼的勇氣,在我的理財之路中這是第一個幸運點。

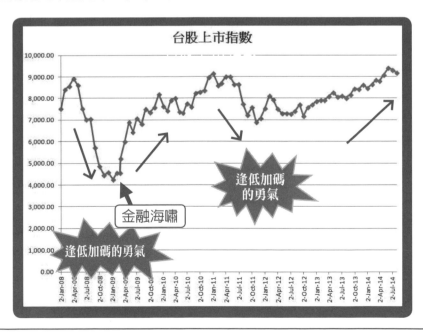

幸運二是什麼呢？

去了日本那麼多次，我終於學會了日本的圖解技巧，應用在我的出版品上，讓我的業外收益多次超越本業，也累積了很多資本。投資收益逐漸穩定，但這還不是穩定的被動型收入。

第三個幸運是 2011 年出版了圖解公司法，我因為在大學教授公司法的機緣下開始研究公司法，不過我是從股票投資的角度切入，在歷經歐債危機、美國 QE 四次等情況後突然發現一件事情：看透法律架構，就可以知道在某些情況下，股價會跟著法律體系走。

第四個幸運是，我算是保守長期投資者，一直在找尋比較好的選股參數，讓我可以比較輕鬆地投資，但是參數很難設定，最後終於找到一個比較適合自己的選股參數，配合上很強大的投資分析團隊，以負向指標篩選掉壞股票，讓我投資睡得著，標的擺得久，快樂等待成功到來。

第五個幸運是，快要完成「用心於不交易的心法」。常常勉勵學生，花半年好好學基本功夫，就可以成為中階高手；認真研究 3 年，就可以成為人人稱羨的頂尖高手。通常學生會問：「那就可以賺大錢了嗎？」答案是……還不行，需要修練到第 10 個年頭，才能賺到錢。

第六個幸運是學習到泡沫的型態。泡沫是人性的一種表現，人類是一種很奇妙的動物，會隨著投資氣氛的熱絡而出現瘋狂搶進、殺出的不理性行為；當不理性行為出現，使得股票的價格異常噴漲或崩跌，就是適度調節與切入買進的時間點。所謂低檔切入贏一半，如果買入的點是夠便宜的低點，有足夠的價格安全邊際，就可以避免人性上追高殺低的現象出現。

看到很多學生都有不錯的程度，長期趨勢都能輕鬆抓到，但就是賺不到錢，甚至是賠錢，往往在短暫走勢中迷失了自己，反覆發生追漲殺跌的慘狀，心理素質跟不上技術的腳步，還是很難累積財富。

整理一下我的投資理財關鍵，分別是：

1. 金融海嘯給我的修練：不要怕金融大波動，這些都是你真正翻身的機會。亂世才能出英雄，留下一筆資金，等待較大型的股價波動，那時候才有便宜可以撿。
2. 業外收益讓我資本變大，資本變大才有雪球可以滾：靠著那一丁點的死薪水，你又沒能力讓老闆幫你加薪，放棄持續投資的機率，比資本大的人確實高出甚多。
3. 學會投資理財。
4. 自己要不斷地進行內心的修練，看懂泡沫的圖形。

》只教你怎麼做，是不夠的

在我學習的過程中，看過很多書籍，心法都差不多，例如抱長線、低檔加碼、不要追高殺低等，這些確實都是賺錢的不二法門。再基礎一點，像是該怎麼省錢、不要亂買東西、每天少喝一杯咖啡、省錢就是賺錢等，確實都能夠讓自己多存一些錢。

但是，最大的問題就在於為何知道問題的原因，卻無力解決問題？

這是我一直在思考的問題，在投資學上偏向於投資心理學的領域，只是在相關書籍中，似乎也找不到一個比較好的答案。當時個人認為這應該跟大腦的運作有關，於是花了大概三、四年的時間，期間還寫完一本「法律記憶法」的書籍，讓我逐漸認識大腦，像是潛意識、直覺、多巴胺……等。一直到《快思慢想》提到的系統一、系統二，才發現不同專家所說的名詞雖然不太一樣，但論述的內容差不多。只要找到問題的根源，就可以研究出解決問題的方法。

所以只教你怎麼做是不夠的，因為人們往往是知道方法，但不願意去做，就像是吸毒者知道不能吸毒，但是大腦已經不是他所能控制，往往不自覺地去作姦犯科以獲取毒品吸毒。所以即使市面上的投資理財書籍很多，但內容都大同小

異，自己還是不斷地看新書，卻發現新書中的方法自己早就會了，但難以實踐。

因此，我的書除了告訴你該如何投資理財外，還要告訴你在這條路上大腦可能會遭遇到的各種誘惑，該如何理解大腦可能的反應，並透過理解大腦運作上的缺失，設計一些改變大腦運作的投資理財技術，才是本書最重要的部分。本書中會提到追高殺低、盯盤等心理因素，只要能理解大腦運作的原理，承認自己只是一頭原始荒野演化而來的野獸，就有機會可以<u>掌控大腦錯誤的反應，做出正確的決策</u>而能長期穩定獲利。

》不要怕失敗

富人與窮人的差別之一，在於富人不怕損失，而且能夠面對損失，並找到解決之道；窮人害怕損失，一兩根漲停板就賣出抱不住，所以錯失許多大波段的機會。

我出版國家考試用書已經很多年，主要希望大家在準備國家考試的時候，可以採取比較有效率的學習方法。在這一段期間中，遇到許多想要通過國家考試、擔任公務員的優秀學子，許多認識我許久的朋友，都知道我並不鼓勵參加國家考試，但這也不代表反對。

只是要有一個觀念，如果是因為「穩定」而報考公務員，可能要小心「不穩定」。少子化的時代，遠低於過去的生育率，要如何養前面這一批大量的退休潮呢？如果你仰賴的是工作到65歲可以領月退

俸，我可以很堅定地告訴你，到時候你領到的退休俸一定是打了折扣，因為以前10位工作人口養1位老人；未來可能不到3位養1位。所以，要不是靠加稅，否則就是靠少發點退休金。

　　所以看似穩定的工作，其實最不穩定。窮人害怕不穩定帶來的損失，但其實只要習慣於改變，並讓自己有能力在改變的環境中生存下來，一定可以在改變的過程中找到蛻變的機會，即使跌倒還是隨時可以東山再起，這不正是人類進化過程中所教導我們的事情嗎？

　　感到恐懼是正常的，但請學習不要怕失敗，好好享受失敗的成長過程。

〈 結論與建議 〉

　◎ 學的是選股的功力，練的是波動的沉穩。
　◎ 瞭解大腦運作原理，掌握大腦錯誤的反應，並修正正確決策。

2 | 失落的大學教育

》謝神戲的心理準備

當我在學校講授投資理財課程時，心想這類型的課，學生應該會專心聽講，但最後多是難過收場。因為學生的學習興致不是很高昂，即使課程名稱跟賺錢有關，他們依舊只想要上「三不」老師的課：不考試、不點名、不交報告。

現在的學生，只要我聲明本堂課不點名，到課人數馬上從80%驟降為10%，若以一班50人計算，到課人數只有5人，這是真的，一點也不誇張。

這些學生不是不來，即便來了原因也是快期中、期末考擔心老師會點名。就算人來了，也是忙著滑手機，把生命都滑掉了。在這樣子的教學環境久了，就只剩下不停地抱怨。不是我愛抱怨，只是熱切的教學情緒不斷地被潑冷水。

⋔上課滑手機的學生

有一次我到臺中梧棲出差，一戶廟婆的住宅前剛好有戲劇表演，可是卻沒有觀眾。工作之餘，有點無聊地跑去看了一下戲班子演戲，演員賣力演出，即使沒人在看。對於沒有觀眾這件事情，我這個城市鄉巴佬可是非常好奇，藉著跟廟婆聊天的機會，問了一句：「這演給誰看啊？」

> 廟婆眉頭一皺很嚴肅地說：
> 「這是謝神戲，民眾來還願，演給神明看。」
> 白目的我回了一句：「哪有神明？」
> 「吼，神明在看，賣亂講話。」

我環顧四周，偷瞄了老半天，還是沒看到神，但想到舉頭三尺有神明，可就不太敢亂說話了。回頭看著台上表演者認真、莊重的表情中，似乎冥冥之中也感覺到莊嚴的神明，正享受還願者獻上的表演。

回到了教室，看著依舊少少的學生不停地滑著手機，沒有人聽我上課。突然心頭一震，這……不就是謝神戲的場景嗎？雖然沒有人在看，但是神明在看我上課。本來心中還很難過，但是經過「謝神戲」的啟發後，我的大腦如同開了光，上課無論學生表現如何，依舊很認真地完成應有的教學。曾經只有一位學生到課，問他為何來上課，學生說：「下雨天，沒地方去。」即使最慘的狀況，但我依舊扮演好自己的角色，因為至少神明在看。

🎧 謝神戲的重點：扮演好自己的角色，因為至少神明在看。

》二八法則如果是必然，你該怎麼辦？

> 富人追求能代代相傳的財富，
> 窮人只期待明天資產的暴漲。

二八法則是不可避免的，同一個班級的學生，未來應該有80%

並不富裕；比較婉轉的講法，大家還沒有發展到20%的人生，還在80%的範圍中掙扎。這一段蛻變的過程，大家必須學習怎麼熬過。80%的人生並不可怕，在電影「不可能的任務」第四集中，湯姆克魯斯自願關在俄羅斯人的牢籠中，拿著從牆壁挖下來的石頭，永無止盡地對著牆壁扔擲，很順利地彈回自己手中，反覆操作，等待生命終了的來臨。但也可能有更悽慘的命運，如同日本的名著小說《蟹工船》中被資本主義船主壓榨的捕蟹工人，遭到捕蟹船船長與監督們慘無人道地壓榨。

捕蟹船上的工人們生活在有如人間煉獄般的工作環境，幾乎無法洗澡，即便生病了也一樣得工作，睡覺時是一群人擠在毫無個人空間的狹窄船艙中，稍一懈怠，還會被打得不成人形；即使是面臨暴風雨，也要冒著生命危險出海捕蟹。甚至連附近巡洋的日本海軍，也成為船主人欺壓蟹工的後盾，能活著回到日本本土，只能說是一種幸運。很多人現在過著80%最底層的人生，也未必好過這「蟹工船」上的捕蟹工人。

每個人都有很大的機會身處於80%的範圍中，隨時警惕自己，花些時間自我成長，學得一個可以傳承後代的投資理財技巧，別讓自己成為「蟹工船」上的捕蟹工人。

》轉為社會人士的投資理財教育

投資，是有需求性的科目。如果你沒有投資過，當然學習的動機就不高。經過我長時間觀察並簡單統計，發現會參加股票投資社團或花錢參加社團者，通常年齡層比較高，大多是工作超過5年。或許是因為出了社會才發現金錢需求很大，學生理想的幻夢已經逐漸破滅；或者是說，綜觀大學課程內容的安排，學校只會教你為錢而工作，而沒有教你如何開發和利用錢的力量[2]。因此，近幾年來，我開始進行社

---

[2] Robert T. Kiyosaki，《富爸爸，窮爸爸》，第85頁。

會人士的成長學習教育。每個月開辦
兩次成長課程，人數最多的是理財課
程，看著認真上課的學生，與大學只
會滑手機的學生相比，感觸良多。

投入社會教育之後，遇到的不再
是謝神戲的場景，好的教材會受到好

∩ 認真上課的學生

的肯定。透過投資理財的社會教育，為許多好朋友們扎根，讓優質的
理財觀念可以傳承後世。

》1979這個神奇數字

在我寫了《圖解透視未來》一書後，透過人口結構、各級學校
數、總體經濟等數據，推測出重要年度可能發生的現象，從過去預測
到未來的2060年；出版完之後，獲得了諸多迴響，進一步我想要針
對一些特殊年份出生者的客觀環境進行分析。

第一個就是1979年出生的朋友，為什麼以此為介紹之首呢？可
以說是緣分，在一次偶然的統計中，本來想知道來上課的朋友是否都
是年輕人，結果一算平均是1979年出生，這不是第二團塊中間的年
齡嗎？

後來又陸陸續續地統計了很多次，也都是1979加減1的範圍
內；經過許多年的思考，我發現這個年齡的朋友是屬於最辛苦的世
代，出生人口高達40萬，在充滿競爭壓力下成長，大學一畢業，就
面臨1997年亞洲金融風暴和2000年網路泡沫危機，沒多久又遇上
SARS疫情。

錢沒賺多少，房價買在高檔，過了幾年之後，口袋沒幾個錢，結
婚生子很辛苦，所以極低的生育率，時至今日又過著上有高堂老母、
下有嗷嗷待哺的生活，因為擔心著退休後的未來，沒錢該怎麼辦？所
以會比較積極地尋找投資的契機、學習理財的知識。

》討明牌心態要不得

常常很多朋友問我很基本的問題，我都戲稱很想要「掀桌」，請不要緊張，我的脾氣沒有那麼大，「掀桌」只是一種形容自己不耐煩的意思。一方面是因為很多問題聽過太多次，產生了反感，另外一個生氣的原因，並不是因為對方不會，而是我覺得當幼幼班並不可恥，可恥的是不主動學習，10年之後還是幼幼班。

大多數朋友總是期待知識像掛在脖子上的大餅，有人幫你綁好，你只要低頭就能吃到。但是，依據童話故事的經驗，這樣子最終會餓死。只想聽明牌，所以容易被市場玩弄；我常常幫這些朋友分析股票本質，發現怎麼

能不動就不動，愈方便愈好……

⚫ 不努力學習知識，終將一無所有

分析都沒用，因為他們只想要一個明確的答案——續抱或賣出。

很糟糕的是，初學者通常都有這種狀況，但有時候不是偷懶，而是不知道該怎麼起步，於是也讓我有了出這本書的構想。

至於這本書為何要定位為「理財幼幼班」，因為有一定程度的投資者，基於獲利所產生的推動力，是由內而發的，不需要我們這些投資理財的教育者在背後推動，所以我整合了市面上基本的理財觀念，並加上一些心理學、行為經濟學的分析，讓我們更認識自己，更能因採行正確的方法進而成功投資理財。

總之，好好地學習投資理財的知識，讓我引用《富爸爸，窮爸爸》書中的一段話：<u>如果你清楚自己在做什麼，那就不是在賭博；如果你把錢投進一筆交易然後只是祈禱，那便是在賭博</u>[3]。

---

[3] Robert T. Kiyosaki，《富爸爸，窮爸爸》，第181頁。作者認為財務IQ的知識，必須具備會計、投資、瞭解市場與法律四個面向，第151-154頁。

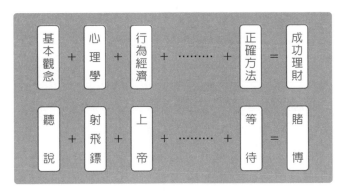

》投資理財的技巧，不是一時的

> 我要分享最有價值的投資方法，
> 你卻開玩笑地問明天誰會漲停？

很多人說「千線萬線不如一條內線」，這代表著很多人喜歡靠別人、喜歡急功近利，未能腳踏實地賺取合理合法的金錢。許多學生提出這個論點後，我會先瞭解這位學生的投資狀況，如果大多數都是靠「偶然性」的操作來賺取利潤，我就會很明確地問：「這一筆錢賺進來之後，你是否知道下一筆可以賺的錢在哪裡？」

投資理財的技術可以是一門傳世之寶，但請在穩步中求成長。

沒有地基的求快，只會讓你不斷地面對房子的崩塌。

追求財富自由的世界，不只是追求到了財富，更重要的是能找回人生的自信。以前隨時擔心被裁員、無薪假；很擔心金融海嘯突然來襲而導致資產大幅度縮水，但是當你學會了財富自由的技術，這一切似乎都不再害怕，因為你知道財富自由時，即使沒了工作依舊能輕鬆自在過活；而且更知道該如何利用現有的財富，持續穩定地產出讓生活無虞的資產，即使面臨到金融海嘯來襲，只是讓自己的資產更翻倍

成長的機會。

　　總之，靠別人不如靠自己，找個有錢的老公（婆），還不如讓自己成為理財的高手。學會終身可用的理財技巧，比起一時資產的快速膨脹，或者是中了樂透的短暫歡樂，更可以讓你<u>長久安穩入眠</u>。

　　最後，有錢的人要學習投資嗎？當然要。曾經有一些友人婉轉地拒絕學習理財，並表示自己家中很有錢。但如果資產不善於運用，再多的資產將容易化為泡影。財富無虞的人，要如何將財產延續到世世代代，理財知識的學習更是必要的。

＜ 結 論 與 建 議 ＞

◎ 大多數的人都不希望成為「蟹工船」上的捕蟹工人。

◎ 出了社會才知道理財的重要性。

◎ 理財知識要靠自己學習，別人給予或整理的資料，總是過一手，有時候會失真。

◎ 靠山山倒，靠自己最實在。

◎ 有錢的人依舊要學習理財。

◎ 學會終身可用的理財技巧，比中樂透的短暫歡樂更值得慶幸。

Note

3 從認識系統一系統二開始

》從「正義／一場思辨之旅」開始談起

我在大學教課的時候，會先播放「正義／一場思辨之旅」，為什麼想要以這段做為投資理財或其他學習的起頭？個人認為在接受資訊、做出決定的過程中，認識自己是很重要的，尤其是理解自己大腦受到外界影響（例如政治語言、商業行銷、投資決策、新聞標題等），並進而做出決定的過程。如果能知道自己做出決策的過程是那麼容易受到外界影響，下一次在做出決定之前，將會更加地小心謹慎。

這一段影片，大約12分鐘[4]（請先上網看一遍），透過哈佛大學Michael Sandel教授與學生間的互動，讓一個古早的哲學問題，在學生的大腦中產生矛盾的激盪，「犧牲少數、成就多數」的原則，但遇到不同的情境，卻產生不同的選擇。

生活周遭有許多政治人物、新聞媒體與民間企業充分利用大腦神經學，把我們耍得團團轉。所以，在投資之前有必要理解一下系統一（感性）與系統二（理性）之交互運作。此影片可以讓學生瞭解什麼是系統一與系統二，也就是說理性與感性會如何影響我們的判斷。

我會放這段影片，讓學生瞭解到相同情境，為何會有不同的決定，並透過影片中教授與學生的互動，讓學生找出自己的矛盾根源。這是一個開放性課程，相關內容都在網路上，但因為上課時間的關係，只選擇播放12分鐘的片段，內容要點如下：

---

[4] Michael Sandel 講授的正義課，是哈佛公開的開放性課程，網路上有許多版本，也有中英文對照版。http://youtu.be/Y4HqXP47lPQ。

1	假設自己是火車駕駛員，火車直直開會撞死5個人，我可以轉一下火車轉換器，就可以選擇將車子切換到別條會撞死1個人的鐵軌，而救活5個人。
2	第二種情況，自己化身為路邊天橋上的路人。火車一樣失控，可以選擇將天橋上的胖子推下去撞火車，擋住火車前進，救前面5個人，但胖子會死。（這時候有學生認為胖子是第三者，也有人認為不能親手推他下去）
3	Michael Sandel教授針對不能親手推胖子撞火車的說法，改變成另外一種情境，剛好手邊有一個旋轉開關，轉一下就可以讓胖子掉下去。
4	有些學生會主張在天橋上沒救助義務，教授又舉出下列有救助義務的狀況：一間醫院有6個人遭受嚴重的火車事故，生命垂危，殺1人可以救5人。
5	隔壁有一位健康檢查的病患，身為醫生可否為了救這5個人，殺了這一位健康的人。

所以，為何讓一人死，救活多數人的原則，會因為不同的情境而有不同的選擇？這件事情不僅困擾學生，我也一直找不到答案。把 Michael Sandel 教授的相關課程看完後，發現居然沒有公布答案。這位哲學教授希望學生進行思考，但沒有答案的結果卻讓我困擾不已，於是我決定買他的書。在整本看完之後，我有了一個結論──書和影片一樣，沒有答案。

最後，我總算在其他領域的書籍中找到答案，答案就是系統一（感性）干擾了系統二（理性）之運作[5]。

》艦長30分鐘的決定

再舉一個航空母艦發射巡弋飛彈的例子。

當恐怖組織準備要在A國引爆核子彈，你是航空母艦的艦長，有30分鐘的時間可以按下巡弋飛彈的按鍵，精準射到恐怖組織的地下基地，救了A國的100萬居民，但這枚巡弋飛彈將會造成1,000名無辜百姓的死亡，你是否按得下去？

▶按下飛彈，殺光恐怖殘忍的成員，無辜百姓死傷1,000人，救活100萬居民。

▶不按下飛彈，1,000人無辜百姓不會因為飛彈而造成死傷，但100萬居民會因此身亡。

這麼簡單的事情，你還要想很久嗎？

我根本不等30分鐘到，就決定按下巡弋飛彈的發射鈕，因為這是很理性的選擇，完全沒有感性的因素干擾我。如果我的面前不只是冰冷的按鈕，而是可以看到當地人生活的情景，父慈子孝、全家和樂融融，甚至有我摯愛的親人出現在螢幕前，可能就會影響理性的判斷。換言之，前述例子為何不肯將胖子推下去，卻願意將車子轉到另

---

5 《躲在我腦中的陌生人》，第152-159頁。

外一個鐵軌上，關鍵在於我可以碰觸得到胖子，因此感性影響了理性的判斷。

在我發現答案居然這麼簡單之後，回頭看看許多朋友，尤其是在學校的年輕人，面對問題也不能很理性思考問題，潛意識很容易受到外來的挑動而影響自身的判斷。在這邊想要跟各位談的是，只有經過自我的認知過程，才能夠擁有正確投資決策的基礎，財富自由的夢想才可能實現。

本質的改變，比較抽象的用詞是「修練」。修練的重點在於如何讓自己的情緒不被外界影響，投資是需要比較多的理性分析。

在理性分析的過程中，你會遇到許多外來的聲音，不斷地警告我們這是錯的，一直看衰我們的判斷，而且這個聲音會愈來愈大，甚至於不斷被要求回歸現實，停止買進、早日停損，不要做不實際的夢，不該做任何嘗試。

這一段的過程是艱辛、漫長的，但要堅信暫時性的不成功只是時機尚未成熟，只要不斷驗證自己的判斷是對的，當你熬過了這一段日子，財富自由的夢想就會在眼前。

▶ 相信自己、修練自己，成功就在眼前。

▶ 你，一定做得到！

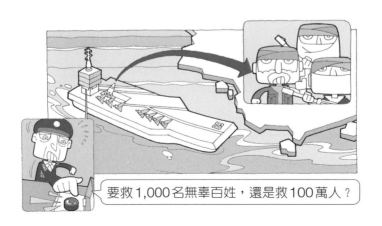

要救1,000名無辜百姓，還是救100萬人？

》300元與299元，哪一個比較便宜？

299元，理性思考會告訴你與300元只差1元，也就是說300元與299元的價格差異小到可以忽略其存在。所以兩樣價格差不多的商品，你會選擇哪一項？

如果不做任何比較，你可能還是會選擇299元，因為這是系統一在選擇，大腦在比較數字的時候，會先從百位數開始比較並忽略尾數，當百位數字是2的時候，潛意識就會有一個開頭2比3還要便宜的想法，而這個力量強大到雖然系統二的理性已經告訴我們兩者只差1元，你還是在深層意識中會感覺299比較便宜，所以系統一的強大推力還是會讓你選擇299元的產品。

這時候該如何應對？請建立下述思考流程的標準作業程序（SOP）：

第一，轉換成一樣的數字，299元與300元，299元就是300元找1元[6]。

其次，請系統二完整開啟，仔細比較兩者的內容，例如考量品牌的名聲，如味全、義美在市場上的評價落差就很大，然後考量一些成分的因素，例如純果汁、純濃縮還原果汁、果汁口味的化學調和品，這些產品的價格都會不太一樣。

將這些差異轉換成數字（例如純果汁加10元，濃縮還原加5元），加入原本的299元與300元，再重新比較。

▶ 理性地決定好壞後，再做出最後的選擇。

---

[6] 如何計算促銷折扣的真實折數，http://0123456789.tw/?p=3838。

》該如何追求喜歡的女孩子

如果一位女生剛跟你交往，好像喜歡又好像不喜歡你，該如何運用前面的技巧提高她對你的好感？

很簡單，找到一條馬路，往來車輛不要太多，也不要太少，剛好可以帶領她過馬路，而且又可以很紳士地輕觸其肩膀，帶著她安全過馬路，這樣子的短暫接觸，就可以讓其將記憶中好的印象與你產生連結。

為什麼輕拍上臂會有好的結果？

因為嬰兒時期媽媽抱在懷中，雙手環抱的地方包括上臂，如果上臂被輕觸，會不自覺地觸動從小就有的安全感，這是一個正向的感覺。而且這種感覺的觸動並不會經過系統二，所以被觸碰者並不會感覺到有任何刻意的情況，但是內心對你的印象已經有所改變。

反之，女生被碰觸後，潛意識已經產生了正向的連結與反應。這時候就要利用系統二來避免系統一不受控制地做出決定。換言之，要隨時提醒自己，回歸到自己選擇男生的基本條件。不要被碰一下，所有的基本條件要求都忘記了。

當你實際運用此一原理時，你會發現並不好操作，如同圖片中的男子，一定很困擾地想：「我現在可以拍這位女孩子的肩膀嗎？」請比女孩子前面兩步，幫她確認有無來車，就有機會輕拍其上臂。反之，如果是在後面兩步，變成「拍打」的感覺，那就比較沒有效果了。

》政治人物的運用

政治人物透過感性的操作，讓猶豫不知該投給誰的你，會因為一些肢體的接觸產生一些訊號，觸動大腦一些潛意識的運作，最後將票投給他。讓我們先來看一下這一張圖：

人的大腦會有一些既定的記憶，觸摸你的上手臂，就好像是攙扶老伯伯過馬路一樣，是「幫助你」的意思。更重要的是，被觸摸者會有「被照顧」的感覺，且喚醒幼年時期被媽媽抱著的安全記憶。於是乎，這一個美好的感覺就與這位候選人產生連結，說不定沒有其他更好的人選，就把票投給他了。

〈結〉〈論〉〈與〉〈建〉〈議〉

◎ 認識大腦的運作，才知道自己決策上發生錯誤的深層原因，並進而掌控之。
◎ 透過男女交友的實際操作，體會系統一（感性）干擾系統二（理性）的效應。

Chapter 2 成功的人 都這麼做

4 選擇一位好的理財教練

》理財社團的成立

很多年前，我開始將自己從學校學來的財經知識，慢慢地透過部落格、MSN分享給朋友，希望好東西與好朋友分享，大家可以一起賺錢，財富能夠慢慢地成長。但是，也許大家被工作給綁住了，又或者是有些知識門檻比較高，大家懶得提腿跨過那個高度，過了許多年以後，發現這些當年與我一起出發的朋友們，居然還是一樣的水平。

歐洲富爸爸所出的《35歲開始，不再為錢工作：歐洲富爸爸教你賺錢之道》一書中很強調「金錢教練」，教導正確的理財觀念，該如何實踐理財目標。當歐洲富爸爸心中有疑惑的時候，就會向這位金錢教練請益，調整至正確的方向，強化自己的信念。

基於此「金錢教練」的理念，我成立了一些投資理財的社團，偏向於股票投資，但後來發現高手甚多的網路世界中，無論我的理財投資社團，或者是其他人所成立的社團，都會淪為一個個比誰看得準的報明牌社團，這跟街頭巷尾簽大家樂明牌的小販並沒有什麼不同。

即使看準了某一檔的股票，並且分享給其他人，其他人學到的就是這一檔股票在短時間可以讓他賺錢，並沒有學到一個有價值的投資理財技巧。永遠仰人鼻息，實在是很可憐。

》Line成長群組的嘗試

於是我改變策略，成立一個「理財幼幼班」的Line群組，不報股票，只分享理財投資的技巧、總體經濟分析，並且透過一些心理學、行為經濟學、神經學等不同領域學門中的研究結論，提供投資者「決策分析」的工具，除了分享如何才能理財得宜外，還可以知道為什麼自己老是不願意學習投資理財的真正原因。雖然大多數的人還是很怠於分享投資理財的資訊，但也有少數人開始分享自己的專長，這倒是不錯的開始。

> **理財幼幼班 Line 帳號：m36030**

透過Line的平台，你不需要花太多時間、金錢找教練，你的啟蒙教練已經站在面前，好好地把握時間請益與討論，因為機會可能只有一次。別讓10年後的你，跟現在的你沒有兩樣。

》找人教你，不要害怕

理財界的許多高手是我的朋友，這些高手私下都平易近人，每次有難解的問題，不要悶在心裡，發個訊息給他們，通常都有令人滿意的答案。很多人不好意思問別人，是害羞嗎？有可能；也有可能像是從小到大都被灌輸著「不可以給人添麻煩」的迷思。

這應該跟我國傳統教育偏向儒家比較內斂、替人著想的思想有關，但是這樣子的做法卻未必有效率。談到這裡，讓我想起了小時候，常看到家人與友人用餐，到底誰要付錢，推拖了二、三十分鐘，現在想起來實在很沒有效率。所以我和朋友用餐，都會先討論這一餐是我請、對方請，還是各付各的，以免兒時的記憶又重現眼前。

人類是一種很愛與人分享的生物，特別是願意互相幫助。這可溯及遠古時代為了躲避其他族群或野獸的攻擊，部落合作模式最容易生

存下來，也因此只要能夠幫助他人，就會獲得快樂、滿足的回饋，而且請人幫忙，也能表示一種「我信任你」的想法，這些都是「適者生存法則」留下來的寶貴 DNA。

不要覺得麻煩別人，適度地請人幫忙，讓對方有快樂的機會。

》教練，不一定是最好的戰士

很多人開了許多投資理財的課程，價碼很高，於是就有人懷疑這些講師的能耐，認為講師所教導的理論，是否真的能在實際的戰場上賺錢？如果真的能賺錢，那幹嘛還要開課，而且課程價格還這麼貴？關於這些疑問，我思考了很久，該如何回答比較合適？

或許可以從標題「教練，不一定是最好的戰士」找到答案。曾經在世界女子高爾夫球排名中名列第一的曾雅妮，能力這麼強了，還需要教練嗎？需要，因為教練自己的實力雖然不是世界頂尖，但有辦法讓選手更強。教練的專長也許不是讓自己在戰場中獲勝，但卻可以讓訓練中的戰士在戰場中獲勝。

在投資理財知識逐漸分工精密的年代，也許你想學的是財務分析，會計師就會是很好的教練；如果你想學的是技術分析，很多技術分析的老師都可以分享不錯的課程。但這些講師是很好的投資者嗎？未必，你必須設定這些老師只能告訴你特定領域的知識，如果講師強調跟著他就會賺錢，那這句話的意思就是「你繳了學費，講師就賺錢」。

除了領域分工之外，教練也有不同等級，如啟蒙教練、專業教練、冠軍教練。以啟蒙教練（初次帶領你進入特定領域的人）為例，必須透過循循善誘，能誘發你對於投資理財領域有更深入鑽研的興趣。如果啟蒙教練講授完畢後，你完全沒有興趣，那可能有三種情況，第一這理財教練不夠啟蒙；第二可能你還沒有投資理財的需求；

第三,這一種比較麻煩,就是你很難被啓蒙。

總之,上課學習投資理財的知識,必須要繳納學費或束脩是合理的,但你必須搞清楚自己是去學習投資理財的知識,而不是只想要跟單賺大錢。

》感謝,絕對要大方

我常常舉辦活動,在好的場地享用好的美食,但我都會教導來參加的人要記得感恩分享,常常戲稱當學生的要進貢「束脩」,也就是記得帶些肉乾來感謝老師的分享,不要當個只會吸血的「水蛭」。

雖然人是愛分享的動物,但如果發現對方是不會互相、不願意分享,每次都只是希望享用免費的,最好都是別人出錢出力,大腦就會啓動警示機制。從演化生物學來觀察在遠古時代,這種人就會被認定是一個無法共同合作抵禦外辱的族人,驅逐至荒野也是剛剛好。所以,自己一直吝於分享,會慢慢地發現對方也不願意分享。

如果雙方都是各領域的高手,可以進行「專長交換」,像是我可以提供法律的服務,有些朋友也願意分享生技專業,還有人願意提供會計的經驗。但如果你沒有什麼專長,該怎麼辦?

很簡單,花點小錢買點小禮物送給你的金錢教練,古代稱為「束脩」。送禮物的功效很神奇,因為會啓動對方大腦的正向回饋機制,讓金錢教練感覺到有回饋,下一次就會願意幫忙,因為大腦會暗中下一個指令:這個忙值得幫。

但是要買什麼小禮物呢?例如走在路邊,剛好看到客家產品的展覽,就可以順手買些小名產,然後遇到老師的時候送給老師,以表示感謝之意。除了送禮之外,嘴巴也可以甜一點,表示都是因為跟老師學到了這麼扎實的理財知識,才讓家人過了更好的生活。

▶ 學習感恩,知識的互動才能持續。

 結論與建議

◎ 慎選一個好的理財社團。

◎ 找一位好的教練，讓自己的理財功力快速提升。

◎ 不要覺得麻煩別人，適度地請人幫忙，讓對方有快樂的機會。

◎ 買個好一點的禮物，感謝金錢教練對你的啟發。

Note

5 財富自由與被動收入

》什麼是財富自由？

有時看著學生的眼神一片茫然，身為老師的我，常有著深深的無奈。我該如何幫助他們？該如何讓他們面對「財富自由」的人生？

身為一位必須要激勵學生朝正向發展的老師，「財富自由」這四個字，不能形容成錢多到每天躺著爽。這種過度的享樂，會對學生的心性有負面的影響。很多學生以為只要賺大錢，擁有大筆財富，就是財富自由。這並不完全正確，因為如果這樣定義，那我期待中樂透，或者是做了生意賺大錢可以隨意揮霍，那不也是財富自由嗎？

「財富自由」的人生，首先應該是建立一個「正向循環人生」的概念。財富→找到好的投資標的→獲利→累積至原本的財富→扣除支出後，持續投資、獲利、累積財富，這是一種財富不斷滾動累積的正向循環。（如右頁圖）

同時，心靈面也可以達成與「財富自由」同等級的境界。簡單來說，沒錢的時候「出力」幫人，有錢的時候，除了出力，還可以將賺來的資產提撥一定的比例幫助更多的人，並教導被你幫助的人能把幫助的心傳遞給更多的人，這也是心靈版正向循環的自由。

》假設：沒了工作還有多少收入？

本篇標題所提到「假設：沒了工作還有多少收入」，這是我每個月會思考一次的問題，如果將現在的工作辭掉，躺在家裡幾乎什麼事情都不幹，每個月還能夠有多少錢的收入？

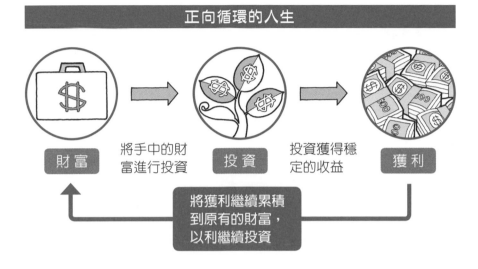

很多出了社會多年的朋友，初次聽到這個問題，兩眼總是茫茫然，只能搔搔頭，一臉羞澀地說：好像只有存在銀行的定存50萬元，只是現在利息好少，1%的定存利息，1年5,000元，但算卜來每個月的利息也不過大約400元。

還有一些表現普通的股票，總金額大約50萬元，一年領一次股息，平均每個月大約2,000元左右。退休的朋友還算好一些，有些人領月退可以領到幾萬元，但這些錢的背景是公保勞保等基金，能否持續地支付給我們，那還真的是個問題。

還有沒有其他收入，答案是：沒了，就這樣。

項目	投入資本	每月領取金額
定存利息	500,000元	400元
股息	500,000元	2,000元
總計	1,000,000元	2,400元

在學校教書這麼多年，我發現大部分的學生都有一樣的現象，如果不工作，整個資金就是「寅支卯糧」。如果這個「卯糧」數字夠大，倒也沒啥問題，可以撐很久，但問題就在於大多數的「卯糧」都不大。因此我們必須要努力地累積資產，並研究該如何讓這個資產每年有高的產出效益，我個人是設定12%的穩定投資報酬率，不難達成，風險也相對不高。

舉個例子來說，如果累積到1,000萬的資產，每年領取的金額就是120萬元，相當於每個月10萬元；如果是2,000萬的資產，每年領取的金額就是240萬元，相當於每個月20萬元。

當資產愈來愈大，就可以降低風險，將投資報酬率降低，假設降到8%，3,000萬元每年的報酬就是240萬元，相當於每個月仍約有20萬元。雖然金額與2,000萬元是一樣的，但是風險就降低不少。

資產	報酬率	年報酬金額	每月領取金額
1,000萬元	12%	120萬元	10萬元
2,000萬元	9%	180萬元	15萬元
3,000萬元	6%	180萬元	15萬元

》別誤解財富自由後的人生

很多學生舉手發問說：財富自由是不是就不必工作了？

這個問題有點難回答，因為財富自由狹義的解釋是當你的穩定被動收入大於穩定支出，也就是下列這個公式，那就可以說是狹義的財富自由：

穩定被動收入－穩定支出＞0

如果能夠做到這個公式，號稱不工作也能生活，從上面公式來觀察，這樣子的論點是對的。可是身為一位老師，如果這樣子教學生，其實會偏離掉學生現有的生命價值觀。換言之，生命將變成由金錢所評價。但是解釋太多，又變成一種很哲學的內涵，對於幼幼班的初學者意義不大，我通常會這樣子解釋，<u>當你達到了財富自由，可以說是奪回人生的主控權</u>。

奪回人生的主控權？這還真是有點抽象。

舉一個例子，有一位在某報社擔任記者的朋友在臉書上面貼了篇抱怨文，記者報導的自由空間，沒有想像中的那麼大。想要報導真實，但宥於政客跟老闆的關係良好；廣告主可是衣食父母，如果他們臉色一變，老闆想要討好的絕對不是小記者，而是這些老是掩蓋事實的政客與廣告主。

你是否願意辭掉工作，表達自己對於理念的堅持？還是改為遵從老闆的意見，將相關新聞稍微「調整」一下，大家繼續相安無事，只是消耗掉了一些正義真理。

很多朋友追求的是一個穩定的生活，如果再進一步，也希望能對社會有所貢獻，甚至於像是蜘蛛人一樣遇到不平也能仗義直言。只是這個社會還是講求權力的社會，如果沒有三兩三，還沒上梁山就被人捏死了。

我的個性直言不諱，有時候針貶時事難免會擋到別人的利益，如果有人要刻意打壓，當然會影響到自己工作，假設嚴重一點被拔了職位、少了薪資收入，這一個擔心所產生的壓力，可能會抑制自己暢所欲言的念頭。為了讓自己無所懼，我的策略就是讓<u>收入多元化</u>，如果自己被拔掉了一個收入，依舊不會有太大的影響，才可以堅持己念，而不會鄉愿而活。

財富自由，可以讓你堅持理念，違反自己信念的工作寧可不做，反正有了穩定的被動收入，餓不死人的。不必為了升官發財而看別人的臉色，不再為了五斗米折腰，而是為了回饋社會、興趣等因素。

》靠政府，不可能讓你的財富成長

近幾年貧富差距的問題愈來愈嚴重，政府為了達到形式上的公平正義，奢侈稅、證所稅、打房政策、拉高基本工資，各種名義打擊不公平的手段通通出籠，無論這些手段是否能破壞這二八體制，或許能夠微調現況，也或許會讓現況惡化。

政府的政策往往成為選舉時的大餅，或者是擔心選票流失，不敢忍痛執行有遠見的政策，因為只要讓人民一痛，就會流失選票。更糟糕的是，大多數的政客把短多的政策當作長多的政策來執行，追求的都是短視近利的施政績效，表面上看不見的根基就隨隨便便，最後受害的還是小老百姓。

換言之，政府的政策是以政黨利益為考量，即使民眾施壓，也是逼出短多的政策。所以，不要幻想逼迫政府就範，就能夠改變自己的人生。自己人生的利益，還是要靠自己的雙手最實在。

< 結論與建議 >

◎ 被動式收入是財富自由的基礎。

◎ 定期都要檢視自己有多少被動式收入。

◎ 追求財富自由，是要奪回人生的控制權。

◎ 不要幻想逼迫政府就範，就能夠改變自己的人生。

6 盤點自己的資產

》別只觀察現金變動：人是表象的動物

選擇異性伴侶時，第一個判斷標準是什麼？外在還是內在？

有些人會說內在，也有些人會說外在，但從「青蛙王子」的童話故事中，我們可以知道人類首先判斷點應該還是「外在」。但童話故事的結局是，公主愛上了青蛙王子。選擇青蛙王子當作終身伴侶的原因無他，在於青蛙王子展現其高貴的道德情操。這一個橋段主要是提醒人們不要只重視外在，內在更為重要。

喜歡外在表象這件事情，發生在許多領域上，尤其是自己所不熟悉的領域。舉例來說，早期我在還沒有投資之前，所有的投資項目大概就是活存、定存，因此銀行帳戶中的數字多少，就是我分析自己資產有沒有成長的最重要依據。

因此，當自己開始將錢改投資到股市時，一開始很不能適應，因為活存、定存減少了，這一個現象似乎暗示著大腦說：投資失敗，才會導致金額減少。這樣的想法會讓自己沒有投資的耐心，急於賺取差價變現，例如股票投資就想要趕緊賣掉，賺得差價而增加自己存款的金額，容易賣在錯誤的時間點。

此一現象不只發生在自己身上，在教授投資理財這麼久的期間，發現也普遍存在於投資者身上，如同本書提到很多人會質疑「股票不賣，可以賺到錢嗎？」股票一定要賣掉，轉移到一般現金帳戶中，與之前相比較才能得知自己是否賺錢。

》有如星際爭霸戰中的資產儀錶板

當我只重視現金帳戶時，總是會有意念想要將股票轉換為現金，或者是不願意投資其他項目，諸如保險、基金、外幣、黃金、酒等資產。後來我開始製作自己的資產負債表。

1. 首先，從網路上下載免費的資產負債表範本：為了計算方便，請選擇EXCEL檔案格式。
2. 修改成自己的模式[7]，刪除不必要的項目，填上自己的數字。
3. 接著計算總額，將每個項目所佔總金額的比例計算出來。
4. 每個月進行成長比較。

---

[7] 大多數網路上的資產負債表都有不動產，但因為筆者不太喜歡投資不動產，所以會將不動產的項目刪除，只注意其他流動性資產的變化。

前頁表是我個人製作的，填完右邊的數字之後，即可自動計算，並以圓形圖的方式畫出來。如果需要插入刪減任何資產項目，例如不動產，請自行插入公式即可。

當然我個人使用的項目更為複雜，且加上每個月的統計，還會計算一些個人財務分析的數據，例如ROE（Return On Equity，股東權益報酬率）、ROA（Return On Assets，總資產報酬率）的變化[8]、股票成長率，改採橫式的。看著這些很像是太空艙的複雜數據，只要在每個月底輸入當月數字，就可以瞭解自己資產的現況，感覺自己像是電影「星際爭霸戰」上的企業號船長，看著儀錶板的一切，就能掌握自己的人生。

2020年	11月								
					資產				
定存	現金存款		保險	基金	股票	其它			總計
定存	外幣定存	活存	保險	基金	台股	應收款	酒	汽車	
600,000	400,000	1,000,000	3,400,000	1,000,000	9,000,000	300,000	100,000	600,000	16,400,000
3.66%	2.44%	6.10%	20.73%	6.10%	54.88%	1.83%	0.61%	3.66%	20.40%
			負債					淨資產	
貸款			信用卡金額			總計	媽媽投資	自己	總計
房屋貸款	車位貸款	汽車貸款	中國信託	花旗	遠東商銀				
0	0	500,000	100,000	0	0	600,000		15,800,000	15,800,000
							ROE	18.21%	

2020年	10月								
					資產				
定存	現金存款		保險	基金	股票	其它			總計
定存	外幣定存	活存	保險	基金	台股	應收款	酒	汽車	
600,000	400,000	920,000	3,300,000	980,000	8,800,000	300,000	100,000	600,000	16,000,000
3.75%	2.50%	5.75%	20.63%	6.13%	55.00%	1.88%	0.63%	3.75%	17.70%
			負債					淨資產	
貸款			信用卡金額			總計	媽媽投資	自己	總計
房屋貸款	車位貸款	汽車貸款	中國信託	花旗	遠東商銀				
0	0	500,000	100,000	0	0	600,000		15,400,000	15,400,000
							ROE	15.21%	

（本表為參考範本）

---

[8] ROE，就像是自己的淨資產能賺到多少錢，所以對於個人而言，公式可以寫成「賺到的錢／自己的淨資產金額」。

ROA的A則是自己的資產總額，換言之，也就是自己的淨資產加上負債。舉個例子，你的資產有一棟房子4,000萬元，銀行定存1,000萬元，所有的資產就是5,000萬元，貸款也就是負債有3,500萬元，所以個人的淨資產是1,500萬元。ROA，是指自己的資產可以賺到多少錢，公式可以寫成「賺到的錢／自己的總資產金額」

》再學一種資產負債表的格式

▼ 個人資產負債表

資產（A）		負債（B）	
現金		信用卡未繳金額	
活存		信用卡借款	
定存		房屋貸款	
股票		車位貸款	
基金		汽車貸款	
保險		其他貸款	
外幣		應付帳款	
其他動產		親友帳款	
房地產		其他項目	
應收帳款		總計	
其他項目		淨資產（身價）（C）	
總計	元	總計	元

公式：資產＝負債＋淨資產（身價），**A ＝ B ＋ C**

〈結 論 與 建 議〉

◎ 利用漂亮的資產負債表格式，瞭解自己的資產現況，而不是只有停留在「現金」這個項目。瞭解自己的財務狀況，才知道你該怎麼理財投資。

◎ 每個月計算出自己的資產負債表，看看自己是否有達成去年底所設立的目標，例如資產成長12%，淨資產（身價）成長15%。目標明確，就可以創造行動力。

7 建立人生第一道防護網

》從夢中的逃跑開始

我做過幾次逃跑的夢。

通常是在夢中犯了滔天大罪，害怕警方追捕，於是開始在巷道、田野中拔腿狂奔，保持著多年來訓練的警覺，雖然後面逐漸跟上了許多追兵，但還是沒發現到小心閃避的我。

當然，夢境雖緊張卻很真實，夢中我為了能盡早擺脫警方的追捕，用盡吃奶的力氣逃跑。

有時候停下腳步休息片刻，希望沒有人能追得到我，而自己也能順利地逃離

啊啊～忘了帶金條!!

這一場風暴。事實上，沒有人幫我，甚至路人還會通風報信，把我當成過街老鼠，被追捕的壓力只有愈來愈重。

夢中，依舊感覺到內心發酵出來的一點酸楚，因為這一次的犯罪，將過去一切的努力都化為烏有，財產被凍結，一切都回到零點。

》開始著手藏匿自己的「安全現金」

前一段文並不是說你會犯罪，只是如同電影裡面的情節，正義無比的人依舊會被惡人所陷害，做好準備是你必須要做的事情。

　　平時在大學上課，跟學生介紹理財的安全現金存量觀念，我通常稱之為「神秘現金」，學生們往往會從手機螢幕中抬起頭來看著我。這時候就是補充說明的關鍵：這「神秘現金」不能讓任何人知道，找個安全的地方存起來，不能放在銀行保險箱，因為可能會遺失，不太保險；也不能學政治人物把錢藏在水池裡，因為防水是一件很難的事情。

放池塘最安全啦！我還養了食人魚～～

　　看著學生眼中會心的微笑，相信他們能有所體會。

　　新聞報導中，很多有錢人欠了政府一堆稅款，惡意不繳納，反正名下財產早就脫產乾淨，政府根本查封拍賣不到任何財產，兩手一攤，一副你奈我何的樣子！直到法官準備下令管收，一想到要被關在監獄裡面，幾百、上千萬的錢馬上出現，有錢人的「神秘現金」還真是藏在雲深不知處。

　　無論如何，找個安全的地方放好，但這並不是說把錢都藏起來、欠別人的錢都不要還，絕對不是這個意思。欠債還錢，天經地義，只是當你發生財務上的危難時，這一筆金額可以讓你喘口氣，偷偷地成為你的精神支柱，是讓你在社會衝刺用的「錦囊妙計」，只有危難當頭才可以使用，不可以讓其他人知道它的存在。

　　例如被迫離職時，沒能領到什麼錢，每個月開銷卻一樣重，這一筆「神秘現金」可以讓你喘口氣；即使是欠債的時候，債主不斷地逼迫還錢，這筆錢是可以讓你偷偷地休息一下再出發的基金。

》該準備多少安全現金？

　　以剛出社會的年輕人為例，每個月基本生活費約2.5萬元，6個月就是15萬元。依據長期與學生相處的經驗，大三到大四，每個月大約可以存下3,000元，畢業前可以存下7.2萬元；畢業之後，還能習慣於學生時代的貧苦生活，再加上若是有工作的話，收入增加存款也應該增加，每個月應該至少可以存到6,000元，1年就可以存到7.8萬元，加起來不就是15萬元？

　　剛出社會的朋友，如果月薪是2.5萬元，建議設定金額大約是15萬元。因為依據國內統計資料，失業週數大約是26週，也就是大約6個月多一些，而平均每人月消費支出，臺北市大約2.5萬元，兩者相乘即求出15萬元這個數字。

　　換言之，發生任何財務上的狀況時，可以維持至少6個月的基本生活。如果是已經出社會許久且收入尚可的朋友，請設定為目前主要薪資×70%×12個月。

> **例如每月收入6萬**
> **6 × 70% × 12 = 50.4（萬）**

　　這個目標很好達成，也容易讓自己獲得成就感，能更有信心地繼續往下一個階段邁進。但是有很多剛出社會的朋友賺得少、存得慢，覺得這些金額遙遙無期。其實可以依據家族的狀況調整，例如家族財力尚可，可以作為自己發生困難時之後盾，金額可以先設低一點，

以後才逐步調高。有一次，某位輔大的女學生問我，她每個月賺1萬8，但幾乎都花掉了，該怎麼辦？

我的建議如下

第一，慢慢地存安全現金

第二，還學貸，但因為利息不高，所以也不必急著把手邊的資產都拿出來還款。

第三，增加自己的投資知識，然後可以嘗試著買一些零股，讓自己有參與感。

》會不會排擠投資？

很多電影中的間諜，都會在地板、貨櫃屋中存放一定數量的現金，只是現實生活中，如果這些安全準備金以現金方式保存，完全沒有利息，會因為通貨膨脹而減損，即便是以活存或定存方式呈現，利息也是非常低。

為了讓這一筆資金更有效益，建議用<u>可以快速變現的方式</u>保存，例如股票就是一例，只要賣出後幾天之內就可以轉換為現金，但要選擇交易量大、價格穩定的股票，像是中華電信(2412)、台積電(2330)都是相對優質的選擇。

< 結 論 與 建 議 >

◎ 決定自己安全現金存量的數額。

◎ 請將安全現金放在別人不知道的地方。

8 | 滾雪球理論

》一張圖搞懂滾雪球理論

有人稱之為雪球理論，有一本歐洲富爸爸的書，則稱之為「聚寶盈理論」，但無論名稱是什麼，基本上各家各派的概念都差不多，只是細部操作的方法有所差異。

讓我們來看看下圖解說「雪球理論」。一顆小小的雪球，來到一段有斜度的山坡，經過一段時間的滾動，就可以滾出一顆大雪球。其中有三個關鍵點：

1. 先有一顆小雪球（**資本**）。
2. **時間**（讓複利產生甩尾效應）。
3. 找**投資報酬**率夠大（坡度夠大才會陡）、風險不高的投資標的。

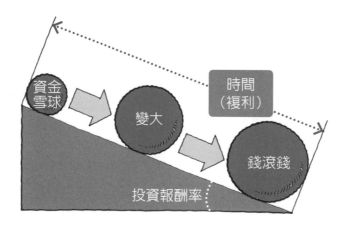

》準備好你的小雪球

依據長期與學生相處的經驗,大三到大四2年的期間(24個月),資金來源也許是打工或者是父母給的生活費結餘款,每個月大約可以存下3,000元,2年大約可以存下:

3,000元/月×24月=72,000元 …… ①

接著如果不計算男生當兵的時間,直接進入社會,以剛出社會的年輕人為例,每個月存下10,000元,3年(36個月)就是:

10,000元/月 X 36月 = 360,000元 …… ②
① + ② = 72,000 + 360,000 = 432,000

所以,對於家境尚可的青年朋友,從大三開始存錢,如果順利的話,只要出社會2年的時間,大約就可以存下43.2萬元,可以算是一顆不小的小雪球。有了雪球,就讓我們開始滾動吧!

》跟退休借個一年

一位網友跑來問我:「我想多存一些錢投資,可是在存錢的過程中,又會產生一些衝突,像是我覺得人生也需要有些體驗,這些體驗是金錢無法取代的;還有想要對女朋友好一點,女友的家境又還不錯,跟著我吃苦也覺得對不起她。」

這位網友接著提出他的問題:「我現在陷入兩難,到底要節省一點盡快存到我想要的目標,還是要少存一點點,多一點點錢換一些開心的日子,尤其是能夠有多一點與女友的回憶,教授可以給我一些方向嗎?」

這確實是一個兩難的狀況，我要提出一個「疲乏感」的觀念。有去過花蓮、臺東嗎？沿途的美麗海景是否讓你驚艷？可是30分鐘之後，是不是開始想倒頭睡覺？

是的，人生也是一樣。如果一直存錢，也會發生類似的疲乏感，每天都像是工蟻一樣，只是為了要存取更多的錢過冬，女友不跑掉算她修養好，跑掉了也只能說是人之常情。

人如果年輕的時候只知道賺錢，那一定是錯的。當你滿口袋的金錢，卻只能用高檔輪椅度假，那是何等悲慘？因此停下腳步，給自己一些假期，跟退休借個1年，讓自己在工作一段時間後，能夠有重新呼吸的空間。

》從雪球中抽取一些雪

所謂從雪球中抽取一些雪，是指存錢與生活間要取得平衡，存錢不是唯一，在與另外一半相處的過程中，還是可以拿些錢出來創造彼此共同的美好回憶，這些是錢所無法兌換的。

讓我們用EXCEL來試算一下，該如何修正，不要一直滾雪球，如果從雪球中抽出一點出來，是否還會影響我們累積雪球目標？

首先，一般年輕人如果好好學，蠻有機會年平均報酬率在10%以上，在此先設定為10%；其次，一般年輕人一開始大概可以存個20萬元的小雪球，以後每年可以陸續存入一定的金額。

投資期間	本金	報酬率	獲利金額	累積資產
第1年	20.00	10%	2.00	22.00
第2年	22.00	10%	2.20	24.20
第3年	24.20	10%	2.42	26.62
第4年	26.62	10%	2.66	29.28
第5年	29.28	10%	2.93	32.21
第6年	32.21	10%	3.22	35.43
第7年	35.43	10%	3.54	38.97
第8年	38.97	10%	3.90	42.87
第9年	42.87	10%	4.29	47.16
第10年	47.16	10%	4.72	51.87

　　如果只是單筆資金滾動，雖然10年後，本金20萬元可以滾動成為52萬元，但這一段時間恐怕太長久，女朋友聽到你的投資理財計畫，當下大概就閃人，不會等你這個窮酸鬼。

　　實際情況也並非如此，必須要修正一下，每年都會把新賺的錢存入，尤其是工作的前幾年，通常都是加薪最快速的時候，所以讓我們修正圖表如下：

投資期間	本金	續存金額	報酬率	獲利金額	累積資產
第1年	20.00	0.00	10%	2.00	22.00
第2年	22.00	10.00	10%	2.20	34.20
第3年	34.20	10.00	10%	3.42	47.62
第4年	47.62	10.00	10%	4.76	62.38
第5年	62.38	10.00	10%	6.24	78.62
第6年	78.62	15.00	10%	7.86	101.48
第7年	101.48	15.00	10%	10.15	126.63
第8年	126.63	15.00	10%	12.66	154.29
第9年	154.29	15.00	10%	15.43	184.72
第10年	184.72	15.00	10%	18.47	218.20

　　第2～5年可以多存10萬，第6～10年可以多存15萬。很神奇的是，第6年就可以累積100萬元，第10年則可以超過200萬元，而且可預期地成長會愈來愈快。

　　只是這樣子的投資理財方式，並不把累積資產拿出來利用，如果適時地拿出一部分的資產，是否可以改善自己的生活，又可以持續儲蓄？讓我們再把這個檔案修正如下：

投資期間	本金	續存金額	報酬率	獲利金額	獎勵比例	獎勵金額	累積資產
第1年	20.00	0.00	10%	2.00	10%	0.20	21.80
第2年	21.80	10.00	10%	2.18	10%	0.22	33.76
第3年	33.76	10.00	10%	3.38	10%	0.34	46.80
第4年	46.80	10.00	10%	4.68	10%	0.47	61.01
第5年	61.01	10.00	10%	6.10	15%	0.92	76.20
第6年	76.20	15.00	10%	7.62	15%	1.14	97.68
第7年	97.68	15.00	10%	9.77	15%	1.47	120.98
第8年	120.98	15.00	10%	12.10	20%	2.42	145.66
第9年	145.66	15.00	10%	14.57	20%	2.91	172.31
第10年	172.31	15.00	10%	17.23	20%	3.45	201.09

　　也就是每年獲利抽取一些金額來獎勵自己，畢竟人都需要獎勵才有動力持續運作。一開始因為獲利金額不高，獎勵比例設定為10%，第1年可以獲得獎勵金額2,000元，也就是每一季（3個月）可以吃一次500元的大餐。想像一下，當你對著女友說，這是我們一同努力存錢的獎勵金，然後四目相對，看著對方滿足的神情，大餐吃起來會特別有味道。

　　第2年，獎勵金2,200元，也就可以安排到樂園玩一天，還有一些餘額，可以去看場電影。

　　第5年，因為獲利金額突破6萬，則獎勵比例調高到15%，已經有了9,200元，除了前面的獎勵之外，天啊！有將近1萬元可以運用，那就到花蓮、臺東，或者是離島來個簡單的旅行。

　　一直到了第10年，年年都有更多不同的預算可以編列，這時候獎勵金已經來到了34,500元，可以安排日本旅遊一次，而且累積的資產還是可以近200萬元。不錯吧！如果花不完的，請持續累積至資產中吧！

〈結論與建議〉

◎ 資金、時間、獲利率是滾雪球理論的三大關鍵。

◎ 賺了錢，身體動不了也沒用，可以先向退休借個1年。

◎ 偶爾從雪球中拿些雪來犒賞自己，讓賺錢與生活獲得平衡。

9 | 12%報酬率的修練

》不同報酬率的選擇

報酬率該設定多少？

2%，定存或買個儲蓄險就差不多了。

5%，買些比較保守的定存股，像是中華電信、台塑四寶等，都是不錯的選擇，只要抱得夠久，長期下來也會有不錯的利潤。但是很多剛出社會的朋友，因為第一次投入的資本較小，假設是10萬，5%也不過是5,000元，抱了1年的股票也不過就是5,000元，所以會追求高報酬率的標的，像是1年50%、100%都是年輕人期待的報酬。

只是這樣子的報酬，有時候是運氣，要長期穩定的話，非常困難，再加上高報酬通常夾帶著高風險，甚至於要盯盤，不斷地來回操作賺取價差，才比較有可能達成此報酬率的目標。

》為何選擇12%？

我當初在計算每年的績效目標，也就是報酬率的時候，非常猶豫，設立太高覺得達成的機率很低，會打擊投資信心，設定太低又沒有意義。考量再三，依據當時的定存大約1.3%，12%大約就是9倍。

讓我們先看12%投資與獲利換算表（如右）：

▼ 12%投資與獲利換算表		
X（萬）×**12%**＝Y（萬／月）×**12**（月）		
X值	**年報酬**	**Y值**
100萬元	12萬	1萬元
200萬元	24萬	2萬元
300萬元	36萬	3萬元
400萬元	48萬	4萬元
500萬元	60萬	5萬元
600萬元	72萬	6萬元
700萬元	84萬	7萬元
800萬元	96萬	8萬元
900萬元	108萬	9萬元
1,000萬元	120萬	10萬元

X＝投資金額，Y＝每月獲利金額

　　這樣子可能感覺還不是那麼強烈，換一個講法，當你投資200萬元時，相當於每個月有1位月薪2萬元的勞工在幫你工作；當你投資到400萬的時候，相當於每個月有2位月薪2萬元的勞工在幫你工作；當你投資到1,000萬的時候，相當於每個月有5位月薪2萬元的勞工在幫你工作。換言之，即使你離開了目前的工作，依舊有人幫你賺取收入。

》穩定人心的安西教練

有些學生會問我說，老師最近有很多報酬率好幾倍的股票，你為何不挑選這支股票？

高報酬率的股票通常是因為轉機題材或者是最熱門的題材，往往會有高低震盪的結果，對於有工作無法隨時看盤的朋友，恐怕就很難掌握一些轉折關鍵，報酬率的達成也會發生高度不穩定的狀況。

當你選擇了高報酬率的投資標的，心情很容易隨之起伏而波動，操作標的會影響操作行為，操作行為會影響操作心境，說得正面一點，對於內心的修練將會變成一種有氣魄的殺進殺出，但也很可能走火入魔，成為一種有魔性的高手。

一位絕世美女（帥哥），床第功夫了得，可以帶給你18分的爽度，但卻不能給你人生的穩定度。同樣地，變遷快速的產業，可以讓你的100萬元，快速變成1,000萬元，但卻失去了投資的悠閒感，也看不到長期獲益的穩定度。

舉例來說，宏達電（2498）最高來到1,300元，但現在剩下1/10。

不但是股價起伏波動很大，2008到2014年間的配息也很不穩定，尤其是從2012年的40元高點到2013年變成2元，甚至到2014年居然變成0元的慘況，後來2015年、2019年稍有配息0.38元外，其餘均為0元。（右頁上圖）

因為設定了12%為報酬率的目標，投資標的就會在這類型的股票中挑選，只要標的本質是好的，有如孔明羽扇輕搖，運籌帷幄，決勝於千里之外，時間到了自然報酬率均可穩定長期地達成，有如灌籃高手中的安西教練，無論球場上如何風雨飄搖，都是怡然自得，內心的修練自然成為投資朋友的明燈。

年度	現金股利	股票配股	合計
2014	0	0	0
2013	2	0	2
2012	40	0	40
2011	37	0.5	37.5
2010	26	0.5	26.5
2009	27	0.5	27.5
2008	34	3	37

》12%，真的可以達成嗎？

如果股災再來一次，很多人信誓旦旦地說：我一定會把身家梭哈，等到一反彈上來，就賺得口袋滿滿。

話雖如此，為什麼大多數人還是不賺錢呢？

道理也不難，有一些人性的問題卡在其中，例如當股市真的跌到谷底，一般人反而不會買進，甚至於會兩手發抖，在底部把所有的持股停損賣光；簡單來說，人性非常<u>害怕虧損產生的痛苦</u>，所以若是預估會賠錢，大腦就會趕緊喊暫停，把雙手綁起來、千千萬萬不要投入任何資金，就算是一毛錢也不行。

看對趨勢並不難，難就難在人性的阻撓，所以大多數情況都只是賺點3%、5%的辛苦錢，比較慘一點的是看對趨勢還賠錢。

中東茉莉花革命，沙漠周遭各國硝煙四起，各國人民揭竿起義、推翻王室之際，我勇敢透過中東基金進行投資，畢竟災難發生就是一個機會；可惜的一點，股市還沒崩跌發酵，我就快速接刀，一開始就買在高點，後面看著一路走跌的基金淨值，心中反而慌了起來，這是第一個錯誤：<u>高檔接刀輸一半</u>。

這一場跨國的人民暴動如沙漠風暴般席捲而來，可不是一天兩天就能了結，在這段期間內，帳面虧損是內心最大壓力，好不容易半年、一年後情勢逐步好轉，終於回到了成本價的位階。

當時做了第二個錯誤：回到成本價時開始賣出。因為不是全部賣出，很快又出現反向下跌，心中有一點懊惱，當再次反彈的時候，賣出的部位更大，甚至於會在虧本的價位賣出；一、兩年後，最後雖然預判反彈的結果真的出現了，但因為操作上不夠成穩，年化報酬率卻大概只有10%。

隨之而來的日本311地震，上述兩個錯誤又重複出現一次，當你沒有覺悟人性是錯誤操作的源頭時，錯誤就會反覆地發生；同樣地，日本在8,000點切入，即使如願地來到了預期的14,000點，但一樣的投資缺失，導致實際年化報酬率依然只有10%。

在日本的投資經驗中，還多了一個錯誤，總計三個錯誤：

1. 高檔接刀輸一半。

2. 帳面虧損過久，一回到成本價就趕緊賣出。

3. 14,000點手中籌碼全部賣光，享受不到後面接近25,000點的大波段漲幅。

有了兩次的經驗，第三次中國的投資就比較有耐心，等到了2,000點才開始切入，解決掉前面「高檔接刀輸一半」的缺點，雖然後面兩個問題還是依舊存在，但年化報酬率已經來到了12%。

2014年底開始投資俄羅斯迄今，在大腦領域的認知有一定火侯之後，第二點、第三點的缺點也都大幅度改善，在我出版的《圖解理財幼幼班3：災難投資法》時，年化報酬率已經突破了15%。

講了篇幅這麼長的個人投資經驗，主要是要告訴讀者們一件事情：方法對了、心理素質跟得上，平均12%並非一開始就可以達成。

　　投資之初可能只有3%、5%，這時候要不斷地檢討自己的方法邏輯是否正確，其次再來檢討自己的投資理財知識與心理素質是否能跟上，在這一段難熬的期間，難免會灰心喪志，一定會轉頭尋找猛爆型獲利、短期致富的操作模式，所以會追求一些聽明牌、追蹤老師、高槓桿的投資模式，在繞了一圈之後，又回頭走一條穩定扎實的投資道路，10%、12%或15%以上，也是指日可待了。

< 結 論 與 建 議 >

◎ 12%風險不會太大，穩定長期依舊有複利的甩尾效應。

◎ 12%的報酬率可以修練出如同漫畫灌籃高手安西教練的穩定心性。

10 | 複利的甩尾效應

》單利與複利的比較

投資一筆10,000元的資金,如果是年利10%(單利)來計算,第1年是11,000元。單利就是每年加上1,000元,<u>利息不滾進本金中</u>,5年之後本利和就是15,000元;10年之後本利和就是20,000元;20年之後本利和就是30,000元;30年之後本利和是40,000元。

複利,則是將<u>利息滾入本金中</u>,在長時間的效益下會有驚人的效果。同樣是投資一筆10,000元的資金,如果是年利10%(複利)計算,第1年也是11,000元。可是,第2年就變成12,100元,第5年本利和是16,105.1元;第10年本利和是25,937.42元;第20年則是67,275元。

▼ 本金10,000元,投資報酬率10%

時間	單利	複利
剛開始	10,000元	10,000元
1年	11,000元	11,000元
5年	15,000元	16,105元
10年	20,000元	25,937元
20年	30,000元	67,275元
30年	40,000元	200,772元

》複利的爆發

或許光看文字、表格很難看出端倪。換個方式好了,如果用圖解的方式呈現,本金變成100萬元,有1%、5%、10%、15%四種不同的報酬率(複利),橫軸為時間,最長是30年:

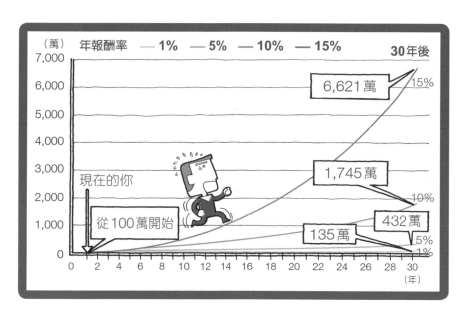

很清楚地可以看出,報酬率愈高,經過時間產生的「複利甩尾效應」就會愈明顯,例如15%的複利,可以讓100萬元變成6,621萬元;但是1%的複利效應就很低,100萬元只變成135萬元。

所以,複利的特色是「讓時間醞釀爆發的力量」,如圖所示,大概10年之後就逐漸拉開差距。報酬率則是「爆發時的火藥含量」,報酬率愈高代表火藥量愈大,爆炸的威力當然也就愈大。

》複利的盲點

複利的盲點，在於如何才能有<u>穩定</u>的報酬率？

很多基金銷售的廣告，都會利用上述的複利概念，告訴你只要持續投資多少年，你的資產就會暴增到多少多少，但問題在於過去的績效不代表未來的績效，穩定的報酬率是一個很難達到的目標，所以要特別小心這類型的基金廣告。

如果你有想到這個問題，大概就成功了一半。複利的甩尾效應並沒有錯，問題在於你要找到穩定的報酬率，以我個人的經驗來說，並不會追求太高的報酬率，而是平均年報酬率12%。（理由已如前述）

》領取股利持續投入

每年7到8月間是各個公司配發股利期，因此可以逐步地在10月底之前找好的標的投資！一定要持續滾入，才能發揮複利的效果。選擇的公司要能配發好的股利，這樣子即使自己因為生活環境改變，增加許多支出而無法透過儲蓄投入更多資金，也可以利用股利再滾入投資，一樣能產生好的複利效果。

如右圖，獲利每年48萬元，如果都拿出來花用，10年後，本金依舊是400萬元。但如果把獲利48萬元持續滾入，則會發現獲利不斷增加，到了第10年獲利已經可達133萬元，累積本金已經成為1,242萬元。如果用圖表示，上面那一條線就是將獲利滾入的本金變化，底下那一條一直維持400萬元不變的，就是將獲利花用不再滾入，10年後就出現明顯的差距。

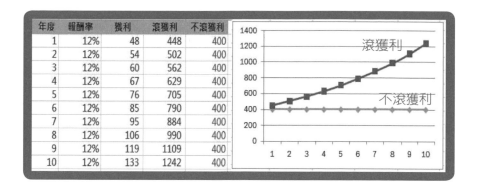

年度	報酬率	獲利	滾獲利	不滾獲利
1	12%	48	448	400
2	12%	54	502	400
3	12%	60	562	400
4	12%	67	629	400
5	12%	76	705	400
6	12%	85	790	400
7	12%	95	884	400
8	12%	106	990	400
9	12%	119	1109	400
10	12%	133	1242	400

　　把錢投入股市中就沒有錢可以亂花，但還是有提款卡可以領取，所以為了避免亂花錢，我在計算股市總金額時，就會將「股票現值＋證券帳戶餘額」這些金額從網路帳戶中都可以直接計算，但如果轉入或領出，就要在我的 EXCEL 表上註記每一筆金額，因為轉入或領出的加減有點麻煩。為了節省麻煩，我很少領錢出來，這樣子的做法也可以讓股票金額更有效地複利滾動。

〈 結 論 與 建 議 〉

◎ 複利的甩尾效應，必須要經過時間才能發生驚人的效果。

◎ 複利的盲點，在於如何找到長期穩定獲利率的投資標的。

◎ 將領取的股息持續投資好的股票，<u>長期</u>才會產生複利的效果。

11 | 收入支出公式大改造

》爲什麼不是「收入－支出＝儲蓄」？

在課堂中我都會直接問學生：「你每個月存多少錢？」

學生倒也懂得迴避：「每個月賺到的錢扣掉花費，就是我存下來的錢。」

「那麼每個月存下來的錢，金額很穩定嗎？」

「沒有耶！花得多就存得少，有時候買支手機可能就得跟家人伸手借一下。」

雖然學生並沒有說出實際的數字，但可以發現一點，學生的理財觀念都十分隨興，當月沒什麼娛樂費和特殊消費，就可以多存一點；某個月常去唱歌、買衣服，或是買了手機，當月存款金額可能就是零。這樣子的儲蓄方式，可以列出下列公式：

這個公式有個盲點在於，往往不知道自己要花多少錢，沒有計畫的消費習慣就會變成月光族，想要累積大筆存款，那可是比登天還難！

因此，我們必須要把公式調整一下：

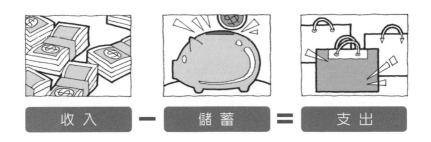

收 入	－	儲 蓄	＝	支 出

　　若改採用這樣的公式，當你月初一領到薪水，馬上把一定比例的錢存到指定戶頭中，最好那個帳戶沒有提款卡，加深你領款的難度而懶得提領。剩下的錢，就是當月份能花的金額。

　　當然你必須要有每月的預算規劃，瞭解下個月有什麼必要支出，例如電話費用、水電、房租、保險、交通、日常生活開銷、育樂學習、特殊預算，才不會錢被綑綁，事後發現不能執行，導致儲蓄失敗的情況發生，不利於未來建立大雪球的進程。

　　大家可以自行設計下列的工作表，代表使用第一個公式「收入－支出＝儲蓄」，可以先在右方填入自己的收入（扣除勞健保、退撫金的實際收入），接著再把左邊的支出分類，在金額下方填入數字，即會自動統計出一個支出總額，EXCEL會自動計算出一個儲蓄金額。

公式一			
○○月預算表			
類別	金額		
食	7,500	收入	40,000
房租	6,000	支出	30,000
水電	1,500	儲蓄金額	10,000
手機電話	800		
公關	3,200		
育樂學習	2,000		
交通	3,000		
孝親	3,000		
其他	3,000		
總計	30,000		

如果是第二個公式「收入－儲蓄＝支出」，先在右方填入自己的收入（扣除勞健保、退撫金的實際收入），接著填寫自己想要的儲蓄金額，讓EXCEL自行計算可支出金額，如下圖是25,000元，然後此一數字會自動導入左方類別金額的「可花金額」。但是因為預估總計是30,000元，兩者相差5,000元，就有調整的空間，必須要在各個項目中調整一下，讓差額為0元。

公式二

○○月預算表	
類別	金額
食	7,500
房租	6,000
水電	1,500
手機電話	800
公關	3,200
育樂學習	2,000
交通	3,000
孝親	3,000
其他	3,000
預估總計	30,000
總計	25,000
差額	5,000

收入	40,000
儲蓄金額	15,000
支出	25,000

→ 可以花的錢

透過各個項目的刪減，例如「食」的類別，從7,500元降低到6,500元；公關費從3,200元調整為2,000元等，經過各項目預算的刪減，差額就降為0元。

公式二

○○月預算表	
類別	金額
食	6,500
房租	6,000
水電	1,200
手機電話	800
公關	2,000
育樂學習	1,400
交通	2,600
孝親	3,000
其他	1,500
預估總計	25,000
總計	25,000
差額	0

→ 刪減1,000

收入	40,000
儲蓄金額	15,000
支出	25,000

→ 刪減300
→ 刪減1,200
→ 刪減600
→ 刪減400
→ 刪減1,500

註：檔案下載區，http://1drv.ms/1G1iqqc

》賺得多是徒弟，存得多是師傅

如果現在只賺 3 萬元，不要羨慕賺 10 萬元的朋友，因為到最後兩個人存的錢可能都是 1 萬元。況且，很多賺了 10 萬元的朋友，以為只要會賺錢就會有錢，結果買了名車、飲食要高檔餐廳、用品非名牌不可，等到了老年，才發現因為不懂得投資理財，賺得錢最後都沒有留在口袋。

但是，只賺 3 萬元的朋友因為賺得少有危機感，不斷提升自己的投資理財知識，降低自己的物慾，並且找到好的投資標的，透過時間複利創造投資滾雪球的效應。

每個人賺得錢愈多，潛意識中也會讓自己產生花更多錢的空間，「賺得多花得多」似乎是不變之人性。以我自己為例，當我月收入超過 20 萬元時，不自覺地就希望能從開 TOYOTA 汽車改開 PORSCHE。

當然在自我控制下，並沒有這麼做，畢竟車子是消耗性物品，外加炫耀性成分居多，對自己資產成長並無幫助。只是很多人控制不了自己，當支出成長率超過收入成長率時，可以稱之為「死亡交叉」，將開始面臨負債人生。

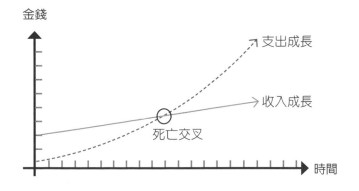

》創造財富必須修正公式為「收入＝支出＋儲蓄」

　　支出的限縮有其限度，例如飲料或許可以不喝，平常盡量不上館子，但是交際應酬總是難免，很多支出是不得不的開銷，甚至於隨著通貨膨脹的速度，就算再省，這些支出也是逐年成長，日子久了，每個月的儲蓄還是有限。

　　企業也是一樣，當賺錢模式達到了一個瓶頸，銷售金額難以增加的時候，想要賺更多就是控制成本(cost down)，剛剛第二個公式「收入-儲蓄＝支出」屬於控制成本的概念，只是不管怎麼想方設法的控制成本，還是有其限度，所以很多毛利率不足5%的企業，說難聽一點只是替別人當奴工的打工仔，每天流淚流汗也賺不了幾個錢。

　　想要高毛利、高營業利益率，就必須轉型以賺取更多的收入，企業如此，個人也一樣，於是我把公式又再修正了一下，調整成為：

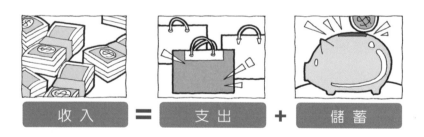

　　這個公式的解讀也不難懂，假設每年支出50萬元，想要儲蓄50萬元，代表個人的收入是100萬元，讀者或許想要問，原本自己的收入才60萬元，哪來的100萬元。很簡單，不足的40萬元就要想辦法達成。

　　這一個公式的調整可以讓你想辦法去開闢收入來源，於是我開始思考本業調薪能否增加收入→如果本業升遷速度有限，可否跳槽來增加本業薪水？(請參考下表)

項目	思考調整方向
本業：專注本業	● 表現良好增加獎金給付金額 ● 升遷增加年度薪資所得 ● 找願意給付更高薪資的企業 ● 經營自己的事業
副業：開發副業	● 純勞力：Uber Eats送餐、路邊舉牌 ● 稍有專業：翻譯文章、繪製插圖、音樂演奏 ● 批貨買賣：到日本買一些藥妝、電器賺取價差 ● 微電商：開店成本低，市場不限區域性，如能開拓市場，獲利有想像空間 ● 製作飾品、食品等：例如銷售包子、手工飾品等
投資理財	股票、基金、債券、外幣等

　　一般人想要讓本業有翻天覆地的成長可能有點困難，接著就是找出一些可經營的副業，比較辛苦的就是閒暇時間付出勞力，例如假日在Uber Eats送餐、路邊舉牌，稍微需要一點專業的就是接case，例如翻譯文章、繪製插圖，也有些從事批貨買賣交易，像是前往日本買一些藥妝、電器，帶回臺灣賺取價差；也有些人會製作手工製品、甜點小吃，透過網路銷售賺取利潤。

　　我個人則是寫寫文字、出版一些書，賺取一些辛苦錢；這些稿費帳面上雖然不多，但是檯面下的收穫卻是不少，因為隨著投資理財知識的分享，也讓自己的實力獲得回饋而逐步提升，投資理財項目成功的比例逐漸提高。總之，主業、副業與投資理財成為我想要增加收入的三大項目，新的一年度想要賺多一點，就要多花點腦筋。

》如同塔木德一樣的致富經典

猶太人傳世的塔木德致富經典，裡面敘述了猶太人投資理財與致富的經驗；以此反思我們的社會，有沒有可以流傳後世的致富智慧呢？還是說聽聽明牌、坑殺散戶、買買彩券碰碰運氣，這些居然淪為我們投資理財的核心。

本文從傳統「收入－支出＝儲蓄」，再談到如何修正為「收入－儲蓄＝支出」，藉此強迫自己儲蓄、累積資產；最後覺得光靠節約開支，對於自己資產成長仍有所不足，又再次地提升為「收入＝支出＋儲蓄」，在固定支出下，隨時思考有沒有創造財富的機會，如同企業轉型一樣，讓自己成為一個轉型成功、毛利率高的新興產業。

目前我在上述公式的操作下，自己投資理財的觀念也逐步成長，目前也有效地讓資本快速成長，每達到一定數字時，就會選擇安全性較高的投資標的，讓自己的財富產生穩定增長的正向循環。

〈結論與建議〉

◎ 省錢，也是賺錢的一種方法。

◎ 透過科技工具—EXCEL預算表的編列，可以迅速幫我們規劃出更好的支出分配。

◎ 賺得多是徒弟，存得多是師傅。

◎ 收入＝支出＋儲蓄，有助於促使自己思考如何增加財富。

Note

12 | 螺旋式的人生

》看得見的未來，不是未來

夜晚，夢境神遊，黑暗之中突然看到許多閃著光芒、紅透誘人的胡蘿蔔懸掛在半空，前方有許多大腿雄壯的巨兔，靈敏地往上跳躍，都想要吃到那個胡蘿蔔，有些早已在暗處享受著，有些仍在鍛鍊大腿等待一跳就能咬下，還有些則是反覆跳躍但總是差那一點點。

這時的我，低著頭看著自己瘦弱的大腿，再看看上頭的胡蘿蔔，只能黯然神傷，沮喪之際，突然發現夢中的兔子眼中都有個胡蘿蔔倒影，拍掌一擊，聽到桌面傳來「啪」地一聲，我懂了！（驚醒）

很久以前的神話故事，偉人在成功之前都會作夢，相信這個「兔子咬胡蘿蔔」的夢，必然是上帝想要給我的一點啟發。為了讓我以後成功時，能有故事可以傳誦後人，決定將此故事正式命名為「胡蘿蔔與兔子的目標」。

吃不到……

》你還有其他選擇

如果你不喜歡人生只有一直往上跳、追逐著別人準備好掛在半空中的胡蘿蔔，你還是可以有不同的選擇，怎麼說呢？

因為現有社會環境創造出習慣現況的人們，這種僵化的制度正掌控著我們的思想，教育我們只要乖乖地往上跳就可以吃到胡蘿蔔，胡蘿蔔代表著成功，想要成功只能藉著練足腿力往上跳。但是，這也侷限我們的想法。

這些眼中只有胡蘿蔔的兔子，可能不知道可以停下來看看四周，走出大門口，遠方的田野有著新鮮的胡蘿蔔，只要辛苦一點，披荊斬棘走過一段路，就可以擁有自己的田園，滿山遍野的胡蘿蔔，不必再看著別人的臉色，幻想有一天吃著掛在半空中的胡蘿蔔。

更悲哀的事情，很多人即使瞭解但卻不願意放棄現有的獲利，你可以用經濟學上的「沉沒成本」[9]來解釋人們心中的不捨，你也可以將此說是心理學上不敢追求「改變」的膽小人性。畢竟只要跟著前輩的話，就會有成功的機會，因為這條路是很明確的，有人成功，何必去開發一些沒有人走過的路，說不定荊棘之中隱藏著斷崖，還沒到達目的地就摔死了。

投資理財也是一樣，除了自己的主業可以滿足你的生活，是否要開發一些主業以外的收入？像是被動式收入，只要善加投資理財，讓財富自動流入口袋，建立自由的財富產生系統，會讓你思想更活躍。

綜上，個人一直沒有練大腿，因為我喜歡練習手臂，並苦練倚天劍十八式，披荊斬棘對我來說不是困難，勇於發掘新的世界，不要被舊思維給綁住。如果我只有練大腿，胡蘿蔔早就被搶光，屆時恐怕往荊棘一跳，當場被刺死，怎麼可能勇於往外闖呢？

》賈伯斯的大學經驗

賈伯斯，蘋果創始人之一，世界知名的成功人士，2005年在史丹佛大學畢業典禮中發表演說時談到沒錢唸大學而被迫休學的經驗。那段期間必須撿拾可樂瓶，走漫長的路到教堂享用晚餐，旁聽李德大學的書法課，當時這些經歷似乎都無法在人生發展上產生任何效用，但十年後設計出的第一台麥金塔電腦，卻在當年書法課的基礎下，創

---

9 沉沒成本，是指已經付出且不可收回的成本。例如企業投入一個新的產業，在資本支出不斷付出之後，卻一直虧損，如果現在解散公司，則之前已經投入的成本都將化為烏有，理性的人會很難做出決定，此即沉沒成本的概念。

造出擁有美麗印刷字體的電腦。

　　成功的人都是一連串奇蹟的組合，林書豪在臺灣舉辦過一場佈道之夜，一再引用聖經經文，字字句句表達了他對上帝的感恩，同時他也列出了 13 件事情，從擁有熱愛籃球的父親、到進入哈佛、NBA 封館……他表示若沒有這 13 件事情的發生，便不會有二月時『林來瘋』的誕生。「或許 3、5 件事情還可以算是巧合，但是 13 件事情一連串的發生，這不能不說是神在我身上展現的神蹟。」

　　當然提到林書豪的事件，並不是要談神蹟，而是很多成功的結果，都是一連串前提要件的結合，慢慢地堆疊累積上去，才可能有甜蜜的果實。賈伯斯如此、林書豪也是如此，那您呢？

》第一次理論

　　第一次，最難。

　　物理學名詞「靜摩擦力」即是。有一種比賽是比誰能拉動飛機，大力士身上綁著可以拉動飛機的繩子，臉紅脖子粗地拉著飛機，但只要飛機一開始移動，接下來就愈拉愈快。從靜止到動的過程，阻力最大，就是所謂的靜摩擦力，但等到開始啟動之後，變成動摩擦，阻力就會變小。

　　我們常常想著等下一定要完成某件事情，或者是這一週一定要把一項任務完成，但是隨著時間一分一秒的經過，可能是工作太忙，所以寧願看第四台、滑手機看 Line，也可能是打開電腦看臉書，但就是無法執行。

　　時間久了，怠惰的心掩蓋住自己的意志力，過了一、兩個月，甚至好幾年，結果還是一樣。我常常找一些作者合作出版，曾經有一本關於「租賃」的書，已經寫了一半，剩下大約 5 萬字左右就可以寫完出版，但陸續找了三個人合作，大多數都是說我一定寫完，接著就是

說我會努力，但無論什麼說詞，這本書都沒能寫完。

這本書現在完成了嗎？還沒有。因為這本剩下一半的書，已經成為測試別人可不可以合作的基礎。能把這本書寫完，剩下來的再談，連這本都寫不完，就幻想自己能寫出從平地建起的高樓大廈，那根本是不可能。

》螺旋向上，才會成功

賈伯斯的學習成果，只是為了下一個關卡做準備。

人生也是一樣，完成了每一項努力，將會觸動下一個關卡。我在法律碩士畢業之後獲得了出版的機會，雖然沒有獲利，但卻得到了出版的經驗，也藉此得到了演講的機會。第一次演講的機會，由於準備充足，不但建立了口才的自信，又創造出更多的機會，也有機會到私立科技大學任教。

▶ 第一個學位，私立大學碩士。

▶ 第一本書，四個人合著，年收入3,000元不到。

▶ 第一場演講，聽講者國小老師，每小時1,200元。

▶ 第一間學校，私立科技大學兼任講師。

一開始，雖然等級都不高，但就是一個開始。私校碩士、四人合著、國小演講、私校教書，但是學會研究能力、搞懂出版流程、練習口才，瞭解學生對於教材的回饋反應。此外，還是要持續撰寫學術性質的文章，也藉此有機會攻讀第二個碩士，有了更廣的演講與出版機會、更不斷地在許多老師、朋友的幫助下，得以進到更優質的學校任教。

一切似乎水到渠成，很順利地考上了法律博士班，廣泛的法律、資訊等領域的基礎，寫了一些專業書籍、打官司活用書籍，以及銷售量不錯的國家考試書籍。至此，演講機會也不斷地出現，甚至於還可

以挑選成本效益高或有意義的場次，公立大學兼課的機會，升格為兼任助理教授似乎也是想當然爾。

次數	最初	轉換
學歷	私校夜間部學士	→第一個碩士 →第二個碩士 →博士
著作	寫學術文章、內部研究報告、免費部落格、與人合著法律著作	→自行出版專業著作 →法律書籍《圖解型態》 →加上投資理財元素的法律書，例如不動產買賣 →踏入投資理財書籍、法律領域持續走專業的路《數位證據》、持續撰寫法律學術文章 →嘗試網路出版(訂閱)
演講	從一場國小演講、內部講師開始	→利用輕鬆有趣的簡報檔，在公務機關、民間企業受到廣泛邀約 →專業法律領域(如數位證據)，受到司法院、法官訓練所等單位邀約，更曾受到沙國邀約演講 →網路直播、自行舉辦講座，創造更廣泛的知識流動 →透過台灣法學基金會向民眾募資，推動知識流動之旅
教學	從私校科技大學	→接受公私立多校邀請授課，大量製作簡報檔，留下教學心得，並做為著作、演講的資料來源 →留下一間公立學校兼課

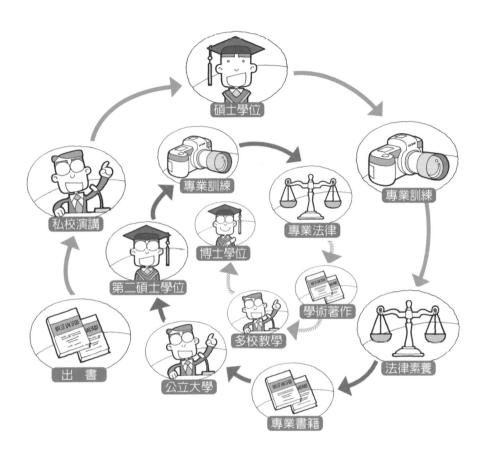

<(結)(論)(與)(建)(議)>

◎ 換個角度思考，你可以擁有不一樣的世界。

◎ 年輕時多努力，一開始還不會有收穫，正如同播種稻米，總得
要隔一段時間的成長，才能有甜美的果實。

◎ 螺旋的人生，每一步路都是下一段旅程的基礎。

◎ 螺旋向上，是成功的方法；螺旋向外，才能夠複製與擴張成
功。

13 | 總體經濟的理解

》從外匯存底、匯率的概念開始

我喜歡上課時和同學討論我國的外匯存底為何那麼高，然後談談利率、匯率的觀念。以我個人的經驗來看，透過理解利率、匯率、外匯存底等，可以看懂更多的財經新聞，並做出適當的判斷。例如當看到張忠謀與彭淮南兩人關於匯率論戰的新聞，就不會因為喜歡或不喜歡這兩個人而做出錯誤的判斷。換言之，從過去感性的判斷，轉換成理性的思考。

將我個人上課的內容分享如下：

▶ 教學方法：蘇格拉底的對話式教學

▶ 教學內容：實際對話內容以課程上課為主，因應不同的學生調整

我手上有一支新款的HTC手機，外銷到美國，每支售價1,000美元。

老師，HTC手機賣那麼貴，沒有人要買啦！

吼，舉例而已。

原來如此，請老師繼續。

Dr. J：賣了手機賺了錢，匯回臺灣，請問在臺灣的總公司可以收到多少錢？

 學生：1,000美元啊！老師你在腦筋急轉彎嗎？

 Dr. J：不是啦！吼…匯回臺灣要換成新臺幣，才能夠支付給上游廠商或發薪等用途，難道你的薪資是領美金？

 學生：這樣說也對，那就要看新臺幣兌換美元的匯率了，現在大約是1:30，也就是說可以匯回臺幣30,000元。

 Dr. J：終於讓我覺得你還有點程度。匯回新臺幣30,000元，扣除掉成本費用28,000元，每支手機還賺了2,000元。接著……我們要思考一個問題，如果臺灣的廠商外銷情況大好，一堆賺到的美金都要換臺幣，請問臺幣會升值還是貶值？

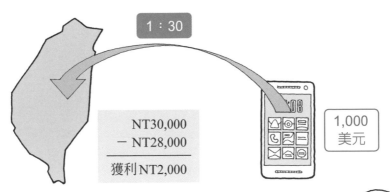

1：30

NT30,000
－ NT28,000
獲利NT2,000

1,000
美元

 學生：嗯……貶值嗎？

貶值……你的理由是？

沒有理由，直覺！

好吧！請不要用直覺回答，正確的答案應該是升值。

升值！什麼……why?

很簡單啊！供需法則，當新臺幣的供給量固定，而需求量大增，就會升值。

供需法則，這好像學過，但又沒什麼印象。

不錯耶！還有學過，給你一個讚。沒印象是正常，來舉個女生買衣服的案例好了，五件衣服二位女生買，會有什麼現象？

就挑自己喜歡的帶走。

如果是五件衣服五位女生買，又會如何？

只好協商一下，然後勉強挑選自己好像還算喜歡的衣服帶走，眼光卻一直停留在沒有買到的衣服。

如果是五件衣服五十位女生想要買呢？

學生：這可能就會互相撕破衣服，拉扯搶奪，老闆還可能故意拉抬一下價格，原本500元一件的衣服，變成1,000元一件，而女生依舊會搶著買。

Dr. J：沒錯，你也是懂一些供需法則的概念。

學生：原來如此！我好像懂了。所以，大量美元匯回臺幣，則會產生一種現象，就是奇貨可居、洛陽紙貴，臺幣升值的現象，從現在的30元飆高到25元。

Dr. J：是的，沒想到你認識的成語還真多啊！飆高到25元，對於HTC會有個困境，當1,000美元換成新臺幣之後，發現只有25,000元，可是剛剛前面有說到每一支手機的成本費用高達28,000元，變成每賣一支手機就賠3,000元。請問，該怎麼辦？

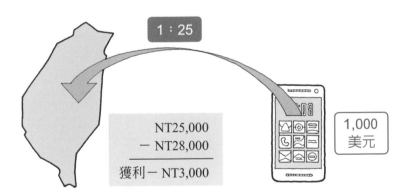

學生：早點匯回來不就解決問題了？

這……你這是什麼回答啊！代表手機要調高價格，如果調高成1,100元，則變成2,750元，依舊不敷成本，1,120元則變成2,800元，剛好與成本打平，超過這個價錢才開始賺錢。

原來如此。可是手機價格調高，如果韓國三星手機沒有調高，這樣子HTC產品價格競爭力不就下降了？

不錯，有抓到重點，這也是為什麼張忠謀先生希望匯率走低，因為只要匯率上漲下跌，就會影響到這些以外銷為主的企業獲利。

難怪前一陣子匯率衝破29元關卡時，很多電子產業的股價就很難看。

你記得上銀這家公司嗎？

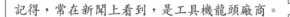

記得，常在新聞上看到，是工具機龍頭廠商。

這家公司的老闆曾經在2013年5月間痛批「9B總裁不肯貶值救經濟」，你可以猜到什麼原因嗎？

也是因為匯率的關係嗎？

是的，因為上銀的競爭對手是日本。同樣產業，日本的品質當然比較好。而當時日本與美元兌換的匯率從76元左右一路貶值到105元左右，那個時間剛好是2013年5月。

所以日本工具機廠商賺很多錢，甚至於因此可以調降價格，使得價格接近臺灣廠商，當品質有差（日本產品的品質比較好），價格卻差不多，當然會選擇日本產品。

 是的，所以臺灣廠商靠價格與日本競爭的優勢，就因為日本匯率大貶而降低許多。當時上銀的股價也從250元一路跌到175元左右，可是匯率畢竟只是其中一個因素，現在日本的匯率還是差不多，但上銀的股價已經衝到300元以上了。

呵呵！這應該跟台股屢創新高有關係。

 所以央行還是透過不斷印鈔供給大量臺幣的方法，讓「供給」也增加，匯率就不會飆到25元，而是維持在30元，而印鈔票換來的美元，通常會持有一些外國貨幣的現鈔、存款、股票及公債等，由中央銀行替國家保有外匯，這些就是我們的外匯存底。

所以外匯存底這玩意兒的多寡，大概也可以看出一個國家控制匯率的程度。

 沒錯，所以你可以看到世界排名前10名外匯存底的國家很多是靠外銷起家的，像是臺灣就是很明顯的例子。因此，外匯存底高，一般民眾會認為我們國家真有錢，但進一步去思考，卻可以發現更多有趣的現象。

呵呵！謝謝老師的指導！

》資金氾濫的年代

還記得2008至2009年金融海嘯那時候，經濟有種一蹶不振的感覺。就好像是電影「地心毀滅（The Core）」，描述地球的核心因不明原因停止轉動，以致電磁場減弱。在失去地磁的保護下，地球會遭到致命的高能宇宙微波輻射襲擊，造成災難。此時有6人組成團隊，駕駛一艘名為「維爾吉號」的潛地艇，鑽進熾熱地幔，放置並引爆核彈，使地核再次轉動，重啓地磁，地球才得以獲救。

我覺得印鈔票就像是引爆核彈，資金變得很浮濫，不會留在定存中，而在市場中流竄，流竄代表有了買氣，讓企業願意生產；企業願意生產，就會聘僱員工；員工受聘就有薪水可以領，也就有錢消費，產生一個良性循環。

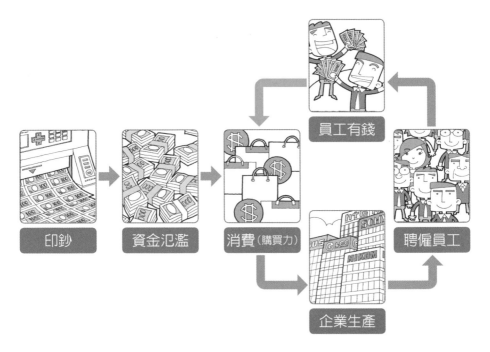

　　2008年臺灣遭遇金融海嘯時，推行發放「消費券」的政策，每人3,600元，就是政府出錢讓你消費，在當時普遍急凍的消費氛圍下，也是希望透過此政策啟動上述循環。

　　這也像是一個人已經病入膏肓，不斷地打抗生素對抗病毒，從最簡單的抗生素打到最強的抗生素，人是活過來了，但也容易產生依賴性。當抗生素像是毒品一樣，成為病人的依賴時，每減少抗生素的量，就會造成病人身體不適。如同QE逐步退場，剛開始會造成金融市場的衝擊。不過，人類是會學習調整的，美國每個月減少100億美元的印鈔量，剛開始還有些影響，但後來市場也就習慣而無感了。

　　下圖為QE與S&P 500的關聯圖[10]，可以發現實施QE會讓S&P 500往上拉升，但隨著實施規模縮小，以及邊際效應遞減原則的發生，似乎效用愈來愈低，再加上指數走高自然會有上漲的壓力。

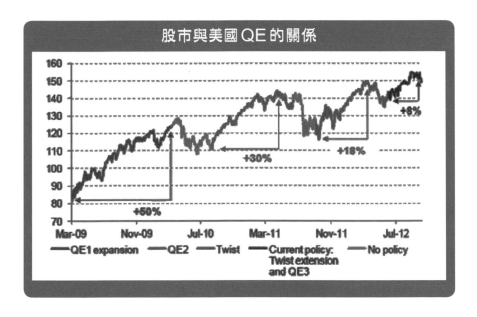

股市與美國 QE 的關係

---

[10] QE4, The Fed's Fantastic Failure, http://www.marketoracle.co.uk/Article38089.html

》美國QE的觀察

量化寬鬆（Quantitative Easing，QE）是一種貨幣政策，意指由中央銀行通過公開市場操作以提高貨幣供應，注入新的流通性以刺激經濟成長。美國共實施4次：

次數	期間	內容
QE1	2009年3月至2010年3月	規模1.75兆美元，1.25兆美元購買抵押貸款債券、3,000億美元美國國債以及1,750億美元的機構證券。
QE2	2010年8月底至2012年6月	規模6,000億美元，購買財政部發行的長期債券，每月購買750億。
QE3	2012年9月15日起實施	每月購買400億美元的抵押貸款債券（MBS）。
QE4	2013年1月起	擴大資產收購計畫，每月收購450億美元的美國公債。

因此，如果你是執政者，會不會考慮繼續實施QE5？

從上述分析來看，恐怕已經沒太大的影響，若經濟已經有復甦的跡象，譬如說失業率降低至6.5%以及通膨率維持在2%，就應該會停止印鈔票。為什麼失業率降低就會停止印鈔票？且看前面提到的循環……

失業率降低，就是發生「聘僱員工，員工有錢」的現象，接著就會引發消費、生產的正向循環。也就是說，當失業率降低，代表員工有錢，就可以取代印鈔的作為。

只是在印鈔票的同時，就會讓資產價格上升，這就是牽涉到通膨率的問題。但什麼是「通膨率」呢？

通貨膨脹，屬於經濟學名詞，並無衡量指標，一般常用「消費者物價指數（CPI）」年增率來衡量通貨膨脹率[11]。所以當你上菜市場買菜、加油站加油，發現一堆東西都變貴了，通常就代表消費者物價指數正在悄悄地上升。

為什麼印鈔票就會導致資產價格上升？

讓我們先來談一下「供需法則」。如果你有很多很多的錢，是不是花錢就變得很豪邁？答案應該是肯定的，畢竟在沒有克制自己慾望的前提下，我是一個有錢就很容易亂花的人。

當市場的資金變多了，就會流向一些資產，例如房地產或股票，房地產或股票的價格就很容易炒高。照道理來說，房地產價格上揚，市場的消費者應該會縮手，可是因為印鈔票的結果，導致市場的錢實在太多，資產數量又是有限，價格就被炒作。

---

11 通貨膨脹的肇因，理論上可分為：
1. 成本推動：主要係工資、原料等投入成本變動透過生產反映於售價上，再影響到一般物價。
　(1)工資推升：工資為構成生產成本主要部分。工資漲幅大於生產力提升的幅度，導致生產成本增加，物價上揚。
　(2)輸入誘致：貿易依存度高的國家，進口物品價格的上揚會對國內一般物價產生壓力，其影響途徑不外直接衝擊消費品價格，或透過中間投入影響生產成本。
2. 需求拉動：總需求大於充分就業時的總供給，導致物價上漲。
　參照http://www.stat.gov.tw/ct.asp?xItem=790&ctNode=769。「消費者物價指數(CPI)」可以在中華民國統計資訊網取得相關資料，http://www.stat.gov.tw/。

》匯率升貶與股市漲跌

2019年中，美國短暫升息至2.5%告終，接著不斷地降息，甚至在COVID-19疫情爆發時，更在2020年3月從1.75%，直接降息兩次到0.25%，最後又施以大絕「無限QE」，導致資金氾濫向包含臺灣的世界各國流動，請問新臺幣是升值還是貶值？

我查看了一下資料，當時新臺幣是升值的，大約從2019年中的31.5元，一路升值到大約29.5元。

資金湧入，你覺得臺灣股市會漲還是跌？

資金湧入，依據過去經驗，股市是流入的目標之一，所以應該會漲。

確實如此，雖然COVID-19疫情爆發讓股市短期有所震盪走低，但7月就已經突破歷史高點12,682點；接下來請問，日本匯率從2010年到現在，是走升還是走貶？

我查看了歷史資料，大約從75元，2015年大約貶到125元，後來在2020年中則在100至110元之間震盪。

之前新臺幣升值，台股上漲；既然日幣長期一路貶值，請問從75元貶到125元的期間，日股是下跌還是上漲呢？

那就應該是下跌。

你再看看日本股市的數據？

從2012年的8,000點，一路漲到2015年的20,000點；貶值也一路上漲，是否意味著匯率的漲跌與股市沒有關係？

這個問題很好，並不是說匯率的漲跌與股市沒有關係，而是要看匯率背後的因素。

請教授指點一二。

新臺幣升值，代表外資流入臺灣；但是日幣貶值，主要是因為日本首相安倍晉三採取的三支箭政策，其中一支箭就是印鈔，導致匯率貶值，也間接成為股市上漲的原因之一。

印鈔，導致貨幣貶值，資產價格膨脹，所以股票也上漲了，是不是可以這樣子理解？

簡單來說，可以這樣子理解。

原來如此，謝謝教授的說明。

》匯率與債務膨脹

剛剛聽了教授一席話，突然豁然開朗，請問匯率還有什麼要注意的嗎？

匯率的貶值通常有兩種情形。

一種是資金流出，一種是印鈔票。

不錯、不錯，我再問一個簡單的問題，匯率一直貶值的國家，股市會漲還是跌？

資金流出，股市應該會跌，但如果是一直印鈔票，像是日本一樣，可能又會漲，這個問題好難喔！不過，我猜走跌。

現在給你一個即時要完成的作業，你去看看印度、巴西從2009年匯率迄今的走勢。

好的……請教授等我一下。

教授我找到了，印度大概是從50貶值到75，巴西則是2.3貶值到5.4，偶有回檔，但基本上是一路貶值的走勢。

是的，如果以新臺幣來對比，大概是從30貶值到45，以及30貶值到70。

好可怕的貶值幅度。

這種國家很多，還有一堆更誇張的國家，但因為這兩個國家的貨幣都是長期走跌，與臺灣、新加坡上下震盪有所不同；印度、巴西匯率一直貶值的結果，反而讓這兩個國家的股市漲幅很大。

真的耶！印度的股市從11,000點(2009年)到40,000點(2020年)蠻大的漲幅；此外，巴西的股市則從37,000點(2009年)到100,000點(2020年)也是頗為驚人。

一般人看到股市的漲幅，反而會以為這兩個國家很強。

股市一直漲不好嗎？

為了因應金融海嘯，大約在 2011 年時，參考美國的利率已經不到 2%，這麼低的利率，讓許多政府、民間企業到處借錢大興土木。

借錢來進行建設，這樣子不好嗎？

如果這些大興土木的資本支出，能像台積電一樣賺取大筆財富，當然沒有問題，可是很多國家蓋了海港卻沒有船經過，沒有預期的收入，但是借來的錢還是要還。

那還錢不就好了？

我簡單舉例說一下好了，原本 2011 年借了 10,000 美元，當時的匯率是 1.7，相當於借了巴西貨幣 17,000 元，然後很快地在國內進行建設、把錢花光。

看起來沒什麼問題啊！

問題可大了！

等到 2020 年時，匯率從 1.7 貶到 5.4，如果要還 10,000 美元，要拿出多少的巴西貨幣呢？

54,000 元，哇！債務膨脹就是這個意思。

是的，那這樣子瞭解了？

貨幣一直貶值，固然有機會能讓股市上漲，但可能種下債務膨脹的悲慘命運。

很多國家像是阿根廷、巴基斯坦等國家，都深陷債務陷阱無法自拔，最後都只能尋求 IMF 等國際組織的協助。

》談談利率

前面談到美國的QE量化寬鬆，還有一個重點，什麼時候升息？

在討論這個升息的問題之前，必須要先問大家一個小問題。如果現在銀行升息到5%，你會不會把錢存在銀行？

很多人應該會選擇把錢存到銀行。之前是因為銀行定存利息才1.0%，很多人存款500萬，結果1年才拿到5萬元。利息太少，所以大家都把錢從定存中領出，在市場上找一些獲利率更高的投資標的，像是房地產、股票等。

投資本金	利率	獲利金額（年）
500萬	1%	5萬元
500萬	5%	25萬元
500萬	10%	50萬元

可是當銀行升息到5%，剛剛所提到的500萬，1年就可以有25萬元；如果是10%，1年就可以有50萬元。試想看看，你一年投資500萬元在股票市場中，是否能有25至50萬元的投資收益？因此，當利率走升，就會吸引一些保守型的投資者，資金從風險較大的體系中回存到銀行體系。

市場上的資金變少了，房地產、股票價格沒了支撐，自然就會往下回跌。

所以每次聽到有可能升息的消息，股票市場往往就會嚇到而回跌一下。但不要擔心，通常都是跌一下，畢竟利率上升，代表著經濟發展正處於一種很熱絡的情況，請參考右頁圖，上升利率只是一種退燒機制，從景氣循環的角度還會回暖的[12]。

---

[12] 更詳細的利率介紹，參考林奇芬，《窮人追漲跌、富人看趨勢》，第23-66頁。

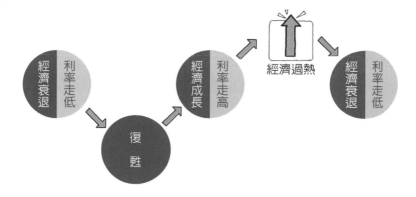

此外，房地產也要看利率。利率走高，要支付的房貸利率也變得比較多，會增加許多房市投資者的壓力，尤其是槓桿操作較高的投資者，可能在無法支付可觀的利息時，就會出脫手中的房地產。綜上，利率升高，會讓資金從房地產移動至一般保守的存款體系；利率升高，也會讓房地產投資成本增加，對於房市不是一件好事情。

市場所稱的房市空頭總司令張金鶚教授很早就看空房市，王伯達先生的著作《民國100年大泡沫》中也指出「最快在2011年，也就是民國一百年，臺灣的這波百年泡沫就會開始出現崩壞的現象」。但看起來房市泡沫還沒有明顯的破滅現象，我想很大的原因是跟「利率」有關係的[13]。

當很多國家開始升息，房地產的泡沫隨時面臨破滅。再來喊房地產泡沫即將破滅，看起來是比較有機會，也比較接近爆破點的地方。

但還有一個問題，過去的歷史經驗告訴我們，利率低檔一段時間，景氣就會循環開始變熱，但是在2008年金融海嘯之後，利率一直維持在低檔好幾年了，讓我們看一下銀行1個月存款利率的趨勢，會發現自從2008年之後，就一直維持在1%以下；2020年底，股市已經來到了13,000點，銀行長期低利率，但股市一路走高。世界

---

[13] 詳細有關利率方面與房市的影響，請參考王伯達，《民國100年大泡沫》。

各國的央行卻一直不太願意調高利率，深怕才剛受傷的世界金融無法承受升息的痛苦。

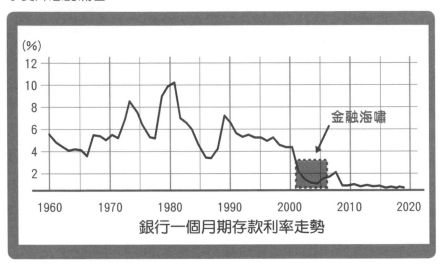

銀行一個月期存款利率走勢

是否傳統經驗的循環依舊值得參考，還是目前扭曲的經濟會呈現出不同的趨勢圖？在這個遭到人工扭曲的年代中，個人認為「股市並沒有漲多，只是資金泛濫使得位階不同」，但到底會怎麼發展，只能說讓我們持續看下去吧！

< 結 論 與 建 議 >

◎ 外匯存底高，不代表是好現象。

◎ 美國QE量化寬鬆政策，希望透過資金寬鬆，讓經濟走向正向循環。

◎ 利率上升與否，將是房地產泡沫破裂與否的關鍵指標。

◎ 目前利率長期走低，過去傳統經驗的景氣循環圖已經遭到扭曲，過去的數據參考位階，已經不一樣了。

收入滿滿的秘密

14 | 七年翻一倍的收入目標

》收入成長三階段

除非你是富二代，或者是突然中了樂透，否則大多數的朋友都是白手起家，再加上年輕的時候腦袋中保存的知識價值不高，所以剛開始都是靠著用時間來換取對價，工作的內容偏向於勞力，例如端端盤子、作業員、行政人員、業務代表、代辦跑腿、排隊等工作，必須花很長的時間才能賺取微薄的薪資，效益並不高。

隨著知識經驗的累積，知識所能兌換的價值變高，順利踏入第二階段——以知識賺錢的境界。但並不能因為跨入下一個階段，就捨棄前一個階段。因為用知識賺錢，只是代表你的賺錢效益逐漸提高，時間價值變高，但並不是指不需要用時間換取金錢。

例如曾經在媒體中看到某位自稱「小富爸爸」的投資者，每個帳戶2萬元、投資500家公司，且每檔股票只買1股，讓他們每年股東紀念品領不完，省下購買生活用品的費用[14]。但這則報導的問題在於每年領取紀念品或者是將紀念品上網拍賣的時間成本，假設還有查資料、領紀念品，及上網拍賣等時間成本共60小時，外加交通成本，獲利2萬元，效益並不高。以筆者而言，把這60個小時省下來寫稿，每個小時可以寫1,000字，換得的收益大約是30萬元，而且如果是長銷書，還可以領更長更久。

---

[14] 參考：〈2萬元當500家公司股東〉，
http://smart.businessweekly.com.tw/Channel/IndepArticle.aspx?id=23009。

其次，即使邁入第三階段，則是利用先前所賺取的資產，不要隨便花掉，把這些資產轉變成可以產生被動式收入的財富生產機器，例如持有許多績優股。即便在此階段，還是要不斷地追求更多的知識，例如在IFRS新制實施之後，還要馬上瞭解新制對手中持股帶來的衝擊。

階段	名稱	具體內容
第一階段	勞力賺錢	你可能是用時間、勞力賺錢，這個階段必須要學習更廣更深的知識
第二階段	知識賺錢	你可能是專家等級，這時候賺錢的速度比較快，你必須要累積財富
第三階段	用錢賺錢	這是一種用錢自動產生金錢的正向循環，你可以有更多的時間去體會不同的生活型態

》收入目標：薪資翻三倍

工作薪資，從踏入社會的第一份薪水，每隔七年要翻一倍，總共翻三次，例如2.5萬→5萬→10萬→20萬。接著就不強求薪資增長，有超過就當作額外賺到的。

有學生剛聽到這個說法，很好奇地問「翻三倍，是資產翻三倍嗎？」並不是資產翻三倍，而是年薪翻三倍。這兩個觀念並

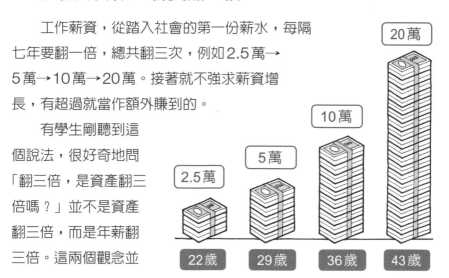

不太一樣，前者是指你累積下來的不動產、現金等資產；後者則是你每年收入所得，可能是主業收入，也可能包含副業或被動收入。

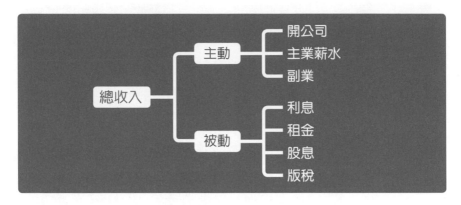

年收入翻三倍，必然是你個人能力的提升與表現。

如果受到聘用，則代表雇主對你的肯定。只是大多數的網友都反應通常第一次翻一倍很容易達成，只要在職場上表現良好，要不達成也變難的。反之，專業性不夠、欠缺附帶價值，薪資自然也是很難堪。舉個簡單的例子，一位單純只會電腦文書處理的行政人員，大概2萬元的薪資就差不多了，如果再進一步還會英文，那價值又提高不少，但這類型的人才太多，隨便抓英文系畢業的都一大堆；如果還擁有第二外語能力，例如日語，則價值就會再往上提升。

只是隨時要站在雇主的立場想想，就算是一位會英、日語皆通，工作表現也不錯的職員，你願意花多少錢聘請他？

必定是有其上限。

》求變：第二次翻倍比較難

比較難的部分，則是第二次的翻倍，這個目標就很難達成。因為即便工作再努力，雇主基於成本的考量，你所帶給雇主的效益，要遠

遠超過其所付出的薪資，才有可能再加薪。你可以思考一下，目前的工作是否達到瓶頸，有無其他再往上成長的可能。

有一個簡單的方法，就是看看比你高一階或兩階的主管薪資，是否符合你第二次翻一倍的目標。如果有，再預判爬到那個位置的可能性[15]。譬如你的薪水每個月4萬元，你預估5年可以有機會當主管，打聽結果，主管的薪水5萬元，就要考量是否要花5年的時間，薪水增加至1萬元？這時候你就要有一些考量，要換工作嗎？還是繼續努力當上主管職位，拿下這1萬元，其餘不足的部分則靠其他業外收入補足。

反之，升遷已經到瓶頸了，就要開始「求變」。除了投資外，開發跟目前相關的新領域，創造新的業外收入。

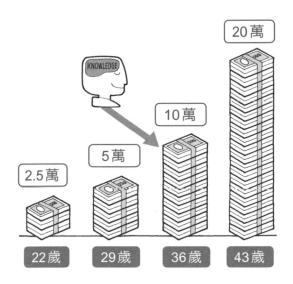

以我個人而言，每隔兩到三年，就會尋找一個有趣的新領域，通常會以原有的舊領域為基礎。例如我最初發展的是隱私、網路通訊監察，當時還順帶發展一些新的網路法律資訊。過了幾年之後，又開始發展電腦鑑識、數位證據，剛好與本業電腦犯罪防制相結合，對外也常宣導資訊安全、個人資料保護的議題。最近發展的則是大數據、證券犯罪防制（以大數據為基礎），有時候看到新的領域，如會計鑑識，因為與原有的領域差距不大，也就順帶發展。

---

15 有關主管的薪資，基於隱私權考量通常不方便取得，但大多有機會探知一二。

　　當然也可以發展比較不同的領域，例如我對於不動產很有興趣，就從法律的角度來開發不動產的知識；又如在學校常常幫學生處理車禍事件，於是也從法律的角度來開發車禍處理的相關知識。目前對於投資理財很有興趣，也從公司法的角度，以及我念過兩個MBA為基礎，研究如何快速讓幼幼班的投資族群學會投資理財的資訊。還有對於大腦開發很有興趣，就從法律學習的角度，讓記憶法可以運用在法律學習上。

　　這些都是開發新領域的方法，讓你有機會突破現有的領域，在新的領域中找到賺取利潤的機會。否則在原有的領域中，就算做到流汗，被人嫌到流淚，薪水想要再翻一次，那可是比登天還難！

》樂活目標：時間減半三次

　　工作時間，從翻到第三倍的薪資開始，每隔七年工作時間少一半，總共少三次。例如一天14小時→7小時→3.5小時→1.75小時，但薪資還是要一樣。人一定要工作，所以不能減少到零，因為減少到零的那一天，通常意味著生命已經「昇華」，這些問題不再需要煩惱。

　　有學生問我，為何不賺更多？

　　我曾經問過一個問題，如果你有一個賺錢的技術，只要花時間、很多時間，不斷地努力，就可以賺到很多錢，例如考上了律師牌，可以接很多的案子。這種感覺很像是有一天你潛入到地心，發現有個閃亮亮的金礦，這是屬於你的，也只有你知道，只要不斷地挖掘，就可以擁有無窮無盡的財富，讓你口袋的金錢不斷地上升。

　　但是不停地挖，什麼時候該停下來？

　　停下腳步、看看自己的生活、想想自己周遭的家人，別為了工

作，讓自己變成一位實質拋妻（夫）棄子的人。

這個問題是一個很深的人性考驗，該怎麼樣讓自己「必然貪婪」的心停止挖掘？因為如果內心是貪婪的，只要挖掘到死，得到的黃金一定最多。簡單來說，撿拾的時間，與獲得的黃金將成等差級數的成長，甚至於是等比級數。

只是人生都在撿拾黃金，就算得到了全世界最多的黃金，說穿了也不過就是以挖掘黃金為業的「長工」，空有物質卻沒有了人生。更重要的是還要有命花，就像電影「地心探險」一樣，到了地心發現到處都是沒有開採的寶藏，但是沒命可用，完全沒有意義。

電影「命運好好玩」，描述一位想要成功的建築師麥可紐曼（亞當山德勒飾），某個機緣買到了一個可以掌握人生快慢的遙控器。於是他把許多不愉快的人生快轉，尤其為了工作，把許多打擾工作進展的家庭生活全部快轉掉，一晃眼人生就到了盡頭，卻發現失去了自己與親人間的每個相處細節。

如果你是工作狂，生命中只留下工作片段，工作無關的家庭生活全都消失。試想看看，這是你所想要的人生嗎？與電影「命運好好玩」中的男主角又有何區別？

▶ <u>**人生，賺得剛剛好再多一點即可。**</u>

〈 結 論 與 建 議 〉

◎ 每七年，薪資要成長一倍的目標。

◎ 別當工作狂，薪資連續翻三倍後，就要開始追求投入時間減少、薪資一樣的目標。

◎ 人生，賺得剛剛好再多一點即可。

15 | 賺錢力：
副業收入與機會成本

》雖然苦，熬過去就是你的

每個人都有難唸的一口經⋯⋯

有些媽媽照顧小孩，同時又要準備國家考試，還要想辦法兼差維生，如果家裡又突發性的有人生病住院，那更是雪上加霜⋯⋯

還有些人是中年失業，失業之前薪水也不高，養兒養老的所剩無給，剩下的那一丁點錢就必須做為考試的支撐，眼見這一丁點錢已經沒剩多少，可是能不能考上，心裡卻還是沒有個底⋯⋯

因為我寫了很多國家考試的書籍，很多考生跑來找我訴苦，這一種苦我可以體會，我是從最底層出來的；清潔工、發海報、跑工地、擺地攤、餐廳端盤子，我全部都幹過，因為我真的很窮過。專科時為了一雙299元的皮鞋，在中華商場來回走了十幾趟，只為了尋找一雙更便宜的皮鞋，因為差個10元，可能就是我能不能活下去的關鍵。

一直到了專科，年輕的我沒有新衣服穿是正常，永遠是三手、四手或者是不知道哪一個世代的布衣，看著很多人都有新衣服穿，心裡還真是有點羨慕，可是沒新衣服是事實，是自己的人生；換個角度想，這些衣服洗得乾乾淨淨，還不是可以遮風擋雨，一直到現在，我的襯衫、牛仔褲，甚至內褲都可以穿很久，很多人看我破了還不換，搞不清楚我在想什麼。說真格的，衣服可以穿就好，穿得太光鮮亮麗，讓一些辛苦的朋友看到，也是讓他們心中更是酸楚而已，就像是年輕的我看到別人在聯誼時穿著新外套，只剩下好生羨慕、自慚形穢等成語可以形容。

為了生存，我什麼髒活都願意幹，我相信<u>貧窮不會影響我的尊嚴，反而會賜給我力量</u>，等我有能力的時候，一定要幫助跟我一樣在底層煎熬的朋友。

所以，聽到這些人生的困境，我願意聆聽，也願意給點建議，說說研究所的階段好了……

當年我為了專心念研究所，辭去了綁手綁腳的工作，但生活有些難言之隱，還是要有錢過生活，於是<u>兼了五份不會影響讀書的工作</u>；五份，對，你沒有看錯。在多重壓力下，我不想用苦來形容，但<u>忙碌</u>卻是一個很適當的形容，只是就算每天跟籠子裡的倉鼠一樣，在跑步機上不斷地跑啊跑。我還有利用網路的力量，把我法律所學的知識幫助許多在訴訟困境中的朋友，迄今已經二十幾年了，每年至少幫助100位個案。

正所謂「彎得過拓海，彎不過填海」，每一個片段的時間我都充分利用，像是<u>廁所法典</u>、<u>字首字根虛擬成像法</u>、<u>版型寫作法</u>、<u>一魚多吃法</u>……等，希望有朝一日能改變現在的財富困境。很幸運地，我熬過來了。

抱怨是一個過程，但是抱怨無法解決你的問題；<u>困境可以讓你大腦高速思考，更快地找到可以解決問題的道路</u>；沒有人喜歡貧困，但<u>貧困卻是我們最好的良師</u>，很苦沒關係，熬過去就是你的時代了。

》好手好腳什麼都能做？

假設您也認同「收入七年翻一倍，總共翻三次」的概念，但是本業已經遇到了瓶頸，無法再藉由薪資的增加來達成目標，就必須開發新的業外收入，舉例一些筆者曾思考或實際從事的項目：

▶ 新聞媒體讀者意見投書：從200到5,000元不等。

▶ 專業雜誌投稿：一篇1萬字，大約可領取1.5萬元。

▶ 網路拍賣：例如日本換季時購買女性大衣，但有些拍賣物品會有違法的風險，尤其是涉及到藥事法。

▶ 微電商：開店成本低、市場不限區域性，如能開拓市場，獲利有很大的空間。

▶ Uber Eats：利用一些空閒時間幫助客戶送餐，賺取走路工。

▶ 問卷調查：每次1,000到3,000元不等，但機會沒有那麼多。

▶ 專業領域：例如設計網站、英文家教。

▶ 醫學研究、特殊產品的實驗對象[16]。

▶ 擺地攤：有違法被開罰單的風險。

▶ 演講：必須要有很強的簡報力。

▶ 出版：很耗時間，短期間無法獲得有效的收益，必須要寫完、編排出版上市後，才能見到成效。

▶ 大學兼課。

一開始我什麼都會做，只要沒有違法風險的工作都可以。如同前面介紹，我在學生時代曾做過清潔工、派報員，也在考場賣過飲料、在餐廳端盤子，反正當學生最低廉的成本就是時間，平常搖頭晃腦也不知道幹什麼，什麼辛苦卑賤的工作都可以，只要有錢就好。

如果真的不清楚哪些工作項目可以完成，可以蒐尋一些提供專案機會的網站，例如人力銀行的外包資訊，就可以知道現在市場有哪些需求。美術設計方面，如網站、粉絲專頁美化、T恤印花圖案設計；文字方面像是德文型錄等等，都有助於瞭解市場需求，讓自己找到可以發展的副業。

---

16 有媒體報導電擊棒業者為了測驗產品的效能，需要自願者進行實測，可以領取一些辛苦錢。

》機會成本

什麼是機會成本？

這個名詞並不難理解，簡單來說就是「有得必有失」。例如同時有三個機會可以選擇，第一是跟女朋友約會，第二是有人請吃價值1,000元的大餐，第三是擔任主持人收入1,500元，你會選哪個？

選擇跟女朋友約會，就喪失了免費吃到1,000元大餐，或賺到1,500元的機會，這些喪失的機會，就是與女朋友約會的成本。

從以前一開始什麼工作都接的時代，慢慢地很多工作開始推掉，時薪人低的工作不接，例如每小時演講費低於3,000元的演講邀約。這個決定如何得來？因為兩小時的演講也才6,000元，扣除掉請假成本、交通、稅金，最後花了6個小時的收益可能不到3,000元，除非有其他隱藏性效益，像是可以藉由演講認識許多優質的朋友，或者是想要透過更多的管道傳達自己的理念，否則機會成本太高，還不如直接把時間拿來寫書或者是運動養身，效益更高[17]。

因此，當各位知識與經驗逐漸成長時，請開始過濾一些低效益的工作。不過，如果你的時間無法換取更高價值的金錢，簡單來說就是「什麼都沒有，就是時間多」的狀況，機會成本超級低的話，還是可以繼續多兼一些用時間換取金錢的工作，只要記得不要一輩子都這樣子做即可。

---

[17] 有時候成本與效益的計算很難用數字加以說明。例如兼任助理教授，時薪大約才700多元，但卻可以讓自己掛個教授的頭銜。我國民眾很尊敬大學老師，能有這個頭銜可以加分不少，當然也就比較不會在意時薪太少的問題，如果那所學校是名校，賠錢去擔任老師都沒有關係。

》油價上漲，該衝去加油嗎？

油價1公升上漲5角，急急忙忙開著車，來回2公里到加油站加了30公升的油。以1公里3元計算，成本為6元，加上前往加油站交通往返時間以及加油站內等待的時間，少說也要個半小時，省下15元。所以你的半小時相當於9元，1小時才18元。

如果是專程去加油，恐怕會養成「輕忽時間價值」的不良習慣。久而久之，反而會讓自己抓不到人生該努力的重點。除非你真的很無聊，或者只是想要到加油站透透氣、看加油正妹，否則還不如在家把握這半個小時，做其他更有價值的學習或創造更高價值的財富。

臺灣某燒肉店曾推出一個活動，消費者只要憑「93年10元硬幣」即可換得燒肉套餐一客，造成93年10元硬幣一枚難求的現象。有些民眾花了大約8個小時排隊，只為了省下接近700元的價格，值得嗎？更誇張的是，有些人還特別去中央銀行換錢，指定錢幣被拒絕後，乾脆一次換2,000元的硬幣，挑到93年份的之後，再換回紙鈔；也有人上網標購，聽說價格高達180元。如果有人邀請我去排隊，根本是不可能；如果用錢可以買到最珍貴的寧靜與時間，我願意花錢去購買。

別浪費自己寶貴如鑽石的時間，只為了換根稻草。

》一魚多吃的技巧

常有學生問我：老師，我好想改變現在的生活喔，現在每天上班超過12個小時，下班都好累，薪資又好低，都沒有辦法找時間自我成長。可是老師看起來除了上班，還可以做許多副業，像是演講、教書、寫書，還可以把社群經營得有聲有色，你的時間怎麼那麼多？

其實答案很簡單：一魚多吃。一項工作成果，可以用在許多方面。很幸運地，我的工作與業外收入是類似的領域，所以成果可以互通有無。早期唸研究所的時候，找到一份翻譯科技法律的工作，查的

資料又可以當作上課與論文的基礎；另外我也有去接研究案、當研究助理，有助於上課成績，也有助於畢業論文。還去當補習班的電腦講師，對於我後來論文研究也有一點點幫助，更能幫助自己理解一些資訊知識。但如果你的兼差是跑去7-11當臨時員工，則是兩份時間才能完成兩份工作，與我一份時間可以賺錢、完成學業，以及累積專業知識三效合一，效率上當然差很多。

現在我的法律書籍出版，有助於目前的工作；個人在網路科技上的鑽研，也有助於演講、教學；教學所產生的技巧，更可以幫助單位內部的定期訓練課程，一件事情可以有多重效益，就是為什麼別人以為我可以做很多事情，其實沒有做很多事情，只是<u>把一件事情發揮多重效益</u>而已。

〈 結 論 與 建 議 〉

◎ 年輕的時候，缺乏知識與經驗，只能做勞力密集或消耗時間的工作，但不要害怕，多做一些，多存一些資本。

◎ 慢慢成長茁壯之後，知識經驗豐富，可以開始過濾低效益的工作。

◎ 成本與效益的比較，有時候並不是依據帳面上的價值來計算。

◎ 別浪費自己寶貴如鑽石的時間，只為了換根稻草。

◎ 一魚多吃的概念，讓你更能善用時間。

16 | 薪資趨勢極端化

》認清政府與企業的作爲

政府的所作所為不都是為了人民嗎？

理論上是這樣子沒錯，但實際上卻要調整一下，目前政府的運作是以政黨為主，政黨會有其政治利益，所以其主要的考量會變成「選票」。服務選民或許應該說是討好選民，表面化的施政、推託責任的態度，只要能獲取選票就是好的方式。

在此思考脈絡下，經濟表現好、股市上萬點，都是一種很表面的呈現，白話一點就是選民吃這一套。有遠見的產業升級，對於國家經濟發展應該是好的，但可能會面臨陣痛，臺灣的選民就沒辦法忍受任何的陣痛。

臺灣的產業很多都是毛三到四的產業，換言之，都是一些毛利率低、營利率低的產業。因為大多都是代工產業，匯率稍微升值，那一點點的毛利率就不見了，從小小賺變成賠錢的產業。因此政府部門必須要控制匯率，讓臺灣的代工產業可以賺錢，股價就會還不錯，經濟看起來維持不錯，選票就會到手。只是控制匯率會導致貨幣浮濫，貨幣浮濫的結果讓資產、原物料成本價格上揚，日用品都變貴。

此外，企業與政府一樣，每3年也要改選一次董監事，為了要讓股東滿意，最好的方法就是企業能夠多賺一些錢、多分配一些股息。只是當原物料成本不斷上升，除了調高產品售價外，砍員工薪水就是降低成本費用的好方法，可以讓帳面更漂亮。

》薪資趨勢極端化

　　一般員工的薪資恐怕5萬元左右就差不多是到頂了，更差者做了10年以上，薪水還是2到3萬。當這些薪資階級的勞工，薪水無法靠自己的能力提高時，就會怪政府，希望透過外在的力量來改變薪資的多寡。說真的，如果不思考如何改變自己的價值，這樣子的想法與做法已經接近「乞丐」等級。

　　讓我們看看下圖：

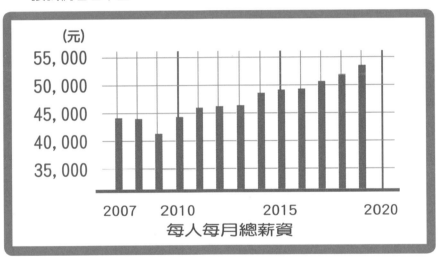

　　根據行政院主計總處統計，108年平均薪資已經突破50,000元，但是扣除掉消費者物價上漲的幅度，實際上卻是下滑的。

　　至於CEO等級，賺取的財富可是以一擋萬，例如讓宏碁股價哀怨的前執行長蘭奇，退職金居然還高達12.84億元，2019年賓士總裁退休，每天可領約新臺幣15萬元。

　　其他國際企業、華爾街等企業執行長，上億元薪資也是正常；商場以外，許多頂級球星也是年薪上億元。這些頂尖薪資水平，根本不必煩惱物價上漲的問題。

　　所以我們必須成為企業的一部分，除了自行創業的方式之外，投資股票就是一個不錯的選擇。股票價格會隨著經濟成長而上漲，單靠著薪水的微薄成長，可能成為此一趨勢的受害者，唯有加入投資的行業，才可以在政府、企業為了讓帳面漂亮的所作所為中獲取應得的利潤。

》收入，不是只有投資

　　市面上很多書籍以「10萬變成1,000萬」、「快速投資致富」等名義，讓許多年輕人迷失了自己，每天鑽研投資致富法則，股票、基金、期貨、選擇權等，沒有投資功力卻想要闖盪投資市場，妄想在市場中提款。最後花了很多時間，到頭來只剩下一場空，沒有從市場中撈到錢，更因為花太多時間在投資理財的細節技術，導致本職學能卻沒有成長半分。

　　郭台銘先生創業早期，賺來的第一筆資金，毅然決然投入自己的模具廠，即便當時炒作土地、原物料可以賺更多，相較之下模具廠的創設卻困難重重。但是，郭台銘先生還是選擇困難的創業之路，也成為今日知名的企業家。

　　周遭總是有喜歡短線賺取利潤的人，這一類朋友又很容易沾沾自喜，賺錢了到處炫耀，如果自己眼光不放長遠，很容易受到影響，進而破壞自己看長不看短的能力。郭台銘先生的經驗，也是我近幾年來很深的感觸，投資找穩定的即可，投資並不是收入的全部來源，還是要持續專注自己的專業，才能讓自己的收入有多重來源，資產才會倍數成長。

〈 結論與建議 〉

◎ 在30歲之前，創造自己不可取代的高價值，就不會成為減薪
的對象。

◎ 看懂趨勢，將可以知道投資是翻身的不二法門。

◎ 除了投資收益之外，本業收入也是主要的收入來源。

17 經營縫隙市場

》熱門的市場還有空間嗎？

電影「鋼鐵擂台」中主角看出對手揮擊右拳的時候，會有個小小的關節轉折頓點，影響出拳時間大約0.1秒，因為發現這個轉折頓點，時間雖然短暫，但卻可以給對方致命一擊。

有一次和朋友談到隨著碩士生的大幅度增加，很多學生都在煩惱碩士論文怎麼寫！因為擁有雙碩士、博士背景，自然而然成為重要的諮詢對象。既然要反覆教那麼多人，還不如寫一本如何撰寫論文的書。

這位朋友質疑著問：這已經很多人寫了，你還有寫的機會嗎？

市場看起來已經飽和，並不代表沒有機會，一定還有許多細縫可以穿透其中，找到自己的特殊點，挖掘出更大的市場。過往成功開拓國家考試用書的例子也是一樣的道理，國家考試用書的市場早已經飽和，亂跳進去不就是找死嗎？

但是當筆者發現很多非法律人要考國家考試，法律科目造成大家學習上的困難，大多數的法律書都寫得太艱澀，如果帶些圖解也許可以攻下不一樣的市場。經過市場評估，發現這個領域的圖解較弱，可以嘗試經營，最後也獲得不錯的成果。

這就是「縫隙市場」的概念。

這個概念源頭來自於研究所論文題目的選擇，當時要寫通訊監察，可是發現很多人都已經寫過這個議題，如果再寫通訊監察，那是

否還有意義呢？但是我發現了一個縫隙，就是當時剛好是網路興起的年代，網路加上通訊監察就成為一個嶄新的議題，許多國家都紛紛研究這個領域的技術與法令制度，也順理成章地成為我的論文題目。

《大家認為對的事，對你風險最大》作者松尾昭仁提出「當所有人向右轉時，偏要向左」，感覺類似我提出的「縫隙市場」，但兩者仍有不同。前者強調逆向思考，不要一股腦地追隨熱門；但我並不認為大家向右轉時，一定要向左轉，可以修正為大家向右轉的時候，一樣可以向右轉，但要找尋沒有人發現到的縫隙。

另外一位暢銷書《反人脈學》的作者小玉步所提出的見解與我類似，其主張要具備獨特的風格、做出與眾不同的<u>差異化</u>，例如美食家可以在自己的社群平台集中報導美味牡蠣的餐廳，做久了就成為牡蠣專家，以後大家只要想要找牡蠣餐廳，就會想到這個網站。容我補充一下，這個領域是一定要有市場，最好還要有不錯的<u>未來性</u>，久了，自然就會成功。

》觀察入微是熱門市場的生存法則

你可以選擇冷門市場作為攻擊目標，因為冷門領域的市場較小，如同小溪流一樣，食物雖然有限，但競爭者也不多，撈捕到的魚蝦雖然少，但也還足以生存。

如果是熱門的市場，胃容量夠大，但也不要幻想自己捕得到大海中的魚，因為沒有找到魚場，奮鬥了半天也捕不到半條魚。如果能找到魚場，又剛好其他高科技的大型捕魚船還沒有發現這個魚場，即使裡面只有為數不多的魚，但全部都會屬於你。

統計資料顯示，有三種科系的學生比較難找到好工作，第一是法律學系、第二是國際貿易學系、第三則是資訊管理學系。法律系除了

考試之外，就是擔任一般公司的法務。至於國貿與資訊管理學系，這些科系的學生人數眾多，市場恐怕不需要這麼多的人才，如同大海裡擠滿了漁船，哪有那麼多的魚可以捕撈？

但也並非完全沒有機會。

很多人問我要唸什麼科系才有未來，我的回答是你有興趣比較重要。如果你挑選的領域是過度熱門的，也不必害怕，一定有些領域是熱門中的冷門，鑽進去一樣會成功。

以法律系而言，畢業之後，如果是打一般民事或刑事訴訟，恐怕市場競爭非常激烈，但如果專門經營某個領域，例如專利權，而且能力在該領域中又是頂尖，可以搭配自己的博士研究，讓產業界遇到專利權的問題，就會想到研究專利權的你，市場當然就是你的。只是專利權三個字在法律市場中早就是顯學，一堆科技法律研究所都以此為研究領域，如果要在此一領域出人頭地，還要再找到其中的縫隙。

再以國際貿易而言，如果你研究的是WTO，可能要注意未來WTO是否還屬於重要的國際性組織。以目前國際局勢來看，未來可能地區性的國際組織重要性將遠大於全球性的國際組織，例如東協諸國。當你看到了趨勢，而國內還沒有很多人從事這個領域的研究，或許這就是你的機會。

又例如世界工廠從亞洲四小龍移轉到中國，又逐漸發展到東南亞等國，如果你發現了這個趨勢，預期畢業之後，東南亞諸國將會興起，其他同學卻只有研究英語、日語為主，而你選擇多一種語言，如越南語，或許當市場轉變時，你的縫隙研究將成為你獨吃的專門領域。

》冷門卻有前景的市場

想要在競爭如此激烈的科系中生存下來非常困難，尤其競爭對手都是頂尖中的頂尖，自認為資質平庸的我該如何生存？

同時研究數位證據、電腦鑑識領域，因為這個領域非常新穎、有前景，再加上法律人普遍資訊力低落，在幾乎沒有競爭對手的領域中讓我有機會可以與前輩們平起平坐，所以我每次演講的時候，旁邊都是法律界或資訊界的大咖。

舉一個自己的例子，2018年寫了一篇有關於「人工智慧/自動駕駛」領域的論文，並順利投稿成功；之所以挑選這個領域，主要是因為特斯拉汽車的崛起，自己跑去試駕了一次，發現在高速公路上已經能夠安全地自動駕駛，又看到一些新聞報導了駕駛人在車上呼呼大睡的新聞，覺得這是一個新興的趨勢。

身為法律人，自當預先規劃未來世界所需要的法律，化被動為主動，雖然當時國內相關法律文獻非常少見的背景下，也寫了一篇有趣的論文，並於2019年刊出；找出新穎、有前景的領域，如同西部拓荒的牛仔一樣，雖然蠻荒大陸之中充滿了危機，但也充滿了成功的契機。

》十年磨一劍

麥爾坎‧葛拉威爾（Malcolm Gladwell）在其著作《異數（Outliers）》中依據相關研究，提出所謂的「一萬小時定律」，其認為真正的專精必須經過1萬個小時的錘鍊，10年代表1萬個小時的苦練，1萬個小時就是敲開成功大門的神奇數字[18]。

---

[18] Malcolm Gladwell，《異數（Outliers）》，第36-37頁。

1萬個小時，那要花多久呢？

若想要開發一個領域的專業，以每年努力的天數長達350天，每天下班時間花3小時。

▶ 350×3 ＝ 1,050（小時）

1年大約可以有1,000個小時，大約10年可以有1萬小時。成為某項專業的頂尖，與成語「十年磨一劍」的意境相當。

一個成熟的市場，你必須要發展1萬小時，大約是10年才能變成專家；但是在一個縫隙市場，你卻有機會在3到5年間，成為市場的專家，並不是因為你不需要10年的磨練，而是這個市場較少競爭對手。

》熱門的股票，容易導致虧損

股票投資也是一樣，追逐熱門股票，買什麼就可以賺什麼，誤以為這樣子就是買股票的賺錢模式。像是DRAM、面板、太陽能、LED，賺錢的時候馬上衝進市場，結果一大堆公司搶進，再加上國際競爭，價格殺到見骨。短視近利的下場很多公司都已下市，大多數股價已經是慘不忍睹[19]。讓我們隨興地瀏覽一下相關股票的股價變化：

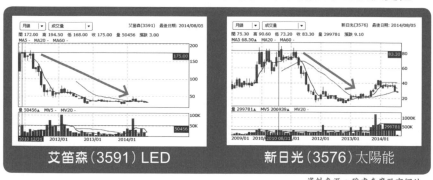

艾笛森（3591）LED　　　新日光（3576）太陽能

資料來源：雅虎奇摩股市網站

---

[19] 華亞科(3474)曾在2014年7月間漲破60元，算是有熱過寒冬的少見案例，2016年12月6日終止上市。

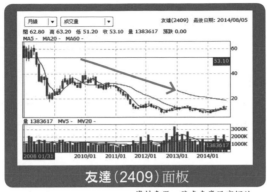

友達(2409)面板

資料來源：雅虎奇摩股市網站

　　一個熱門的市場，會讓市場的價格脫離出其真正的價值。當熱潮一過，或者是負面消息讓這個美夢破滅，一切就會回歸到其應有的價值。再加上一般投資者搞不清楚企業的實際狀況，只知道「熱門」這兩個字，一頭鑽進時，受傷的可能性極高。

　　後記：本書第一版初版的日期為2015年6月，這幾個紅海競爭市場的股票，來到了2020年，股價都差不多只剩下10元水位

〈結論與建議〉

◎ 開發冷門但有前景的市場。

◎ 冷門有前景的領域，可以降低1萬個小時的門檻。

◎ 大家都關注的股票，小心太過熱門。

18 | 魔術力：把自己的缺點變成落差感

》魔術師的幻術

魔術師運用一些視覺上的盲點，騙過了大腦的正確判斷，而造就許多驚人的魔術，例如知名的大衛魔術在眾目睽睽下變走了自由女神、飛越長城等經典劇目，到現在還引發許多民眾的懷念。我們不是魔術師，但一樣可以利用人類先入為主的觀念，讓聽眾對我們自己嘆為觀止，這種就是「<u>落差感</u>」的魔術。

還記得以前唸輔仁大學法律系夜間部的時候，很多學生都在爭取畢業證書不要載明「夜間部」三個字，覺得輸給日間部一截。但是我個人出了社會，反而都會強調自己是「夜間部」，理由很簡單，就是「創造落差感」。

自己的成就沒什麼特殊，但是也不算差，可是同樣的成就（以「A級成就」表示），如果要與其他人比較學歷背景，就可能會被比下來：

▶ Dr. J：A級成就＋輔大夜間部

▶ X教授：A級成就＋臺大

與名校學生相比，經歷看起來弱了一些，但真正有故事性的不是X教授，因為臺大畢業有A級成就本來就是應該，但是Dr. J只是私校的夜間部，卻一樣有A級成就，顯然Dr. J花費的努力是一個值得

探究的故事。或許有些企業老闆迷信臺成清交等名校，但我卻喜歡觀察有沒有這種落差感的優質後進。

》娃娃臉的無奈

從小到大，我總是被迫創造落差感。

說起來有些哀怨，但事實就是如此。在別人的眼中，看不起我是正常的，其中有一個很重要的理由，就是「娃娃臉」。有時候很羨慕別人的成熟臉，因為成熟看起來就是經驗值的代言。有人或許會想，娃娃臉那可是很多人夢寐以求的事情，你還這樣子矯情！但事實上真的蠻慘的，看車子、買房子，業務人員都狗眼看人低，一副我就是沒錢買房子的屁小孩。

剛出社會的時候，想辦法把自己變老，除了穿襯衫、西裝外，燙頭髮也是當初覺得不錯的方法，但總是燙得很失敗，望著鏡子中失敗的外觀，決定放棄燙頭髮這條路。

從此之後就順其自然，隨別人的眼光吧！後來在網路上慢慢小有名氣，寫部落格、出書，許多演講的承辦人員在網路上發現了我這號人物，大概也懶得找人，連我都沒看過就邀請我去演講。

每次一到演講會場，總是會發現承辦人員第一眼看到我的反應，眼神中透露出一些驚恐與訝異，嘴巴上勉強擠出幾句客套話：百忙之中勞煩您了！（但那種表情就是：哪裡來的屁小孩，怎麼會請到這年輕的傢伙，等下如果講很爛，那可就糟了。）

這樣子的眼神看太多了，自己也習慣，演講內容才是翻身的唯一法則，所以我花費很多時間在演講的練習、簡報檔的製作、新資料的蒐集等。隨著演講內容慢慢地呈現，承辦人驚恐的眼神大多會隨著現場反應良好而逐漸轉換成滿意的笑容。

演講完畢，承辦人員驚恐的眼神早已換成誠懇的眼神，再次感謝能蒞臨分享專業且有用的資訊，而不是只有「百忙之中勞煩您了」。當然好事傳千里，這些單位大多會把我的名號告訴更多的單位，也讓我每年的演講邀約源源不絕。但也不是我的演講內容排名第一，但創造落差感是我的神秘法寶，感謝娃娃臉。

》聽說你的演講很有趣

「聽說你的演講很有趣，可以講一次給我聽嗎？」

有時候，朋友會提出這種奇怪的要求，都被我拒絕。因為我的演講題目通常很生硬，為了讓聽眾不要睡著（因為聽眾睡覺會打擊我的信心），所以總是從案例導入，穿插一些生動有趣的描述，聽過我演講的單位，評價通常不錯。

但是，我的演講生動有趣，並不代表內容有很多笑話，在整個2到3個小時的演講過程中，我不會特別去講獨立的笑話。既然沒有笑話，如果單獨在某個人面前分享演講的內容，朋友聽不到期待的笑話，就不會覺得我講得不錯。

那為什麼演講過的單位評價都很好？

一樣的答案，落差感。

我通常的演講題目如下：

▶ 資訊安全

▶ 資訊安全與個人資料保護

▶ 電子證據蒐證要領與注意事項

▶ 電腦犯罪防制

　　甚至於我還講過下面這一個根本讓人看不懂的題目：

▶ 行政機關之職權調查義務與責任業者之協力義務探討

　　聽眾要來聽這場演講時，內心都有個先入為主的觀念：「無聊」。所以，只要稍微加些案例素材，再佐以處理案件過程中的有趣觀察，馬上就可以在眾多無聊演講中脫穎而出。

　　這也是「落差感」的應用。

〈 結論與建議 〉

◎ 落差感，很適合讓你在高手中出頭。

◎ 演講的內容很重要，但個人缺點造成的落差感，反而有加分的
　效果。

19 | 觀察力

》筆電的未來，光明還是黯淡？

101年4月宏碁法人說明會表示：「極有可能重回第三大PC品牌商。」對於這一家公司的股票前景如何判斷？

試想，以前吸引你的產品是筆電，接著是小筆電，但是有多久時間，你未必需要筆電才能夠上網。筆電的功能早就只剩文書處理，上網，雖然還是必要，但是許多功能已經逐漸被智慧型手機或平板電腦所取代。生活上的觀察就是這麼簡單，所以再問一次，你對於這家公司的股票有何看法？

未來前景看淡，還是中立看待，或者是一片看好，相信答案應該是前景看淡或中立看待。但也不一定都是這麼悽慘，畢竟筆電還是目前的主流產品，只要產品夠吸引人，股價還是有一定的成長空間。

103年4月8日起，微軟宣布將要停止對於Windows XP的支援服務，所以若是未來發現系統漏洞的時候，抱歉，請好自為之，微軟不會再幫系統新增補漏洞程式。接著，109年起，Window 7也將終止支援。

》IBM賣掉PC部門的選擇

接著再回到宏碁當時開頭的第一句話「極有可能重回第三大PC品牌商」。這樣子的標題有吸引力嗎？如果我們再去探究一下幾個主要筆電品牌的發展，就會發現好像不是那麼有吸引力。首先是IBM

的PC部門，2004年12月被當時全世界排名第八大的聯想電腦買下來，直接變成當時的第三大，消息傳出，震驚全球電腦業者。

到底是聯想厲害，還是IBM厲害？經過時間的證明，筆電已經成為明日黃花之產品，IBM選擇不再經營這個微利的產品，轉而專心經營更高毛利的資訊服務

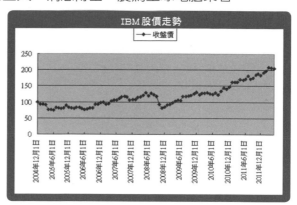

業，使得股價由收購時大約98元的價格，到2012年5月剛突破200元，整整算是暴漲了超過100%。（後因其他因素，2020年股價約100~150元之間）

》HP喪失最佳的銷售PC部門時機？

2011年10月間，傳聞HP要分割並銷售PC部門，但最後不確定是什麼原因，公布決定不分拆PC部門的消息，真實的原因是否捨不得賣出？還是找不到買主？還是當時的股價是56元，到2012年5月初股價47元，看起來不分拆一個過時的部門，當然不會對公司股價產生正面的激勵，應該是比較偏向於找不到願意出HP心中「合理價位的買主吧！

當你分析了更多的數據，以個人生活為經驗，再來看看這則宏碁法人說明會的新聞，你就會覺得強調「重回第三大PC品牌商」的言論，這樣子的說法有點類似「我們要讓傳統的技藝不要在這一代消失」。後者的說詞，在重視產業創新、具有領導地位的股票市場而言，恐怕是一個負面的訊號。（後記：2012年4月，宏碁股價約35元上下，2020年只剩下20元上下）

》大英百科全書

還記得在「哈利波特」電影中，報紙可以呈現錄影播放的影片，這在目前的傳統紙本報紙是天方夜譚。但是電影呈現的魔法場景，離實際狀況也不遠，從報紙電子化，許多網路版的媒體與電視已經沒什麼差別，聯合新聞網每天都有幾個時段會有主播報導新聞時事，也邀請許多民眾以數位錄影方式報導地方事件，所以報紙早就不限於文字。從元太的電子紙到三星的軟螢幕，不正是「哈利波特」影片技術的具體呈現。

回到標題要探討的話題，擁有244年出版歷史的《大英百科全書》（Encyclopaedia Britannica）2012年3月13日宣布停止印刷版，全部數位化。總裁喬格‧科茲稱：「這是從印刷出版商轉向數位學習產品創造商的最新一步」，在剩餘約4,000套書售完後，該實體書就將正式走入歷史。

乍聞大英百科停印紙版的消息，作家南方朔相當感慨地表示：「對知識好奇的時代已經消逝了！」單看這句話，若非筆者因不知其上下文而有所誤解，就恐怕是南方朔對紙本停版有嚴重的誤解。

其實打從維基百科出現，百科全書的呈現方式就開始受到嚴重的衝擊，大英百科全書編輯團隊一年必須要花500萬美金更新版本，成本驚人。但顯然走全球民眾大家一起更新的維基百科，少掉了許多人力更新的成本。也許維基百科呈現出來的資料嚴謹度不如大英百科，但至少在廣度卻是大英百科無法追及。因此，筆者解讀與南方朔不相同，應該改成「對知識快速需求的時代已經來臨」，購買大英百科紙本的費用，已經不符合民眾追求知識廣度與更新時效的要求。

》少子化的趨勢

在大學任教了10年有餘，看到進修部（平日晚上）學生發生了質

的變化。過去總是有很多高齡的學生，但是後來高齡的學生慢慢變少了，轉換成比較年輕，年齡與日間部的大學生一樣，當然素質上總是差強人意。姑且不管學生的學習成果，由於大學普遍升格的效應，再加上少子化的客觀環境，招收不到學生實在是很困窘。最後有學生就收成了後半段大學不得不做出的選擇，而且為了留下學生，一些品質的過濾機制當然也更為放水。

少子化，如果無法從其他國家吸引學生來臺灣就讀，第一個衝擊的產業就是學校與教師。所以想當大學教授，心裡一定要有準備，這將是一個殘酷的環境，沒有三兩三，千萬不要上梁山。第二個關聯性的趨勢，為何少子化的問題這麼嚴重，人口卻還沒有負成長？

很簡單，因為醫療的進步導致高齡化的社會來臨，其次就是外籍配偶入籍臺灣，撐住了本來應該下滑的人口趨勢。所以，由於國人的平均壽命變長，因此未來勞保年金、勞退基金將會面臨破產的問題，因為老人生命延長，不斷領取勞保退休給付，但是繳保費的年輕人變少了，除非費率提高，否則怎麼可能支付已經在領取勞保給付的保戶？在財經議題的討論上，這就是所謂的「人口負債」。

10年後，甚至於更短的時間，未來將產生世代對立之現象。退休、老年福利支出與日俱增，但繳稅的勞動人口減少，只好增加稅賦，而稅賦增加造成反彈，那只好刪減福利支出，甚至退休金砍半，這是我們即將迎接的未來世界。

▶2018／7：軍公教年金改革
▶2020／7：準備勞保年金改革

〈結論與建議〉

◎ 利用觀察力，找出可投資標的。
◎ 透過討論，讓自己發現的趨勢不斷地確認、確認、再確認。
◎ 找出市場的體系，找出投資標的之趨勢。

20 | 簡報力：
為什麼TED這麼風行

》TED為什麼成為顯學？

TED，是美國非營利機構，發起於1984年，其創辦人是里查德‧沃曼（Richard Saul Wurman），意指Technology、Entertainment、Design，取其前三個字組合而成。

2002年起，克里斯‧安德森接管TED，創立了種子基金會（The Sapling Foundation），定期舉辦TED大會。每年3月，TED大會召集眾多科學、設計、文學、音樂等領域的傑出人物，在短暫的18分鐘之內講授其關於技術、社會、人文的想法，並逐漸謂為風潮，在臺灣也有許多類似的演講活動。

由於TED的分享人通常需要有一定的資歷背景才得以上台。為了讓我的好朋友們一樣也有機會上台練習，我曾經舉辦過一次簡報力的活動，因為要表現自己，讓自己站上眾人看得到的舞台，簡報魅力相當重要。

那一次，有三位男生在台上分享，主題包括生技、華語師資，以及如何看一本書，一位女生在台下分享補習班的教學經驗，還有一位女生講笑話，效果蠻不錯的，最後則由我分享演講的經驗與技巧。無

論大家講了什麼，有了一個表現的平台最重要，如果自己缺乏練習的平台，請好好利用這些開放平台的機會，練習站在台上如何表現自己。

》扎實的論證基礎

有時候上課會採取學生報告的方式，發現很多學生的簡報內容是以新聞為基礎，學生通常搞不清楚新聞的素材大多很速成，或者是知道新聞的內容未必真實，但因為取材方便，就不管報告結論是否可靠，反正只要能交差了事，才是最重要。

要評量一家公司營運的好壞，學生應該要進行深度的產業調查，包括對於這一個產業景氣循環、未來展望，當然還要包括財報、管理人才評價等內容。但是新聞報導對於一家公司的評價可能只是針對單月營業績效，或董事長個人的意見，就成為一篇新聞報導。

因此，以新聞報導拼湊出來的報告，通常也都是不及格。能及格，是因為老師手下留情，抱持著鼓勵學生的心態，幻想學生下一次的報告會更好。實際上，學生的時間非常充裕，應該要有更扎實的基礎調查，以有根據的內容做為報告的重點。例如學校有豐富的商學系統，可以提供很多理論基礎的文章，即便是網路也可以找到許多數據，切莫僅以新聞報導為師。相信自己，如果好好深入探究特定議題，即使是課堂報告，內容一定會比新聞記者還牢靠。

▶ 如果看問題都和別人一樣，看報紙就好。 ──引自《解碼郭台銘語錄》一書。

▶ 如果看報紙就做出結論，不思考的腦袋留在你頭上幹什麼！ ──引自 Dr. J 教授語錄。

》作文力當然重要

很多學生誤以為商業科系以財經知識為主，也有許多理工科系的教授，自嘲嚴重欠缺作文能力，所以連招生都剔除掉國文成績。但我必須明確地表示這是錯誤的觀念。

作文力，是表達能力的基礎。任何學生一踏進企業，隨時都要表達，也許是替客戶進行產品介紹，也可能與不同部門溝通，甚至於是職場升遷、跳槽，該如何切入重點，讓對方輕鬆瞭解到自己想表達的重點、個人的優點，這是相當重要的。

以個人為例，記得在100年時，自己最大的遺憾是沒能在考試院演講，因為如果當年能在考試院演講，就創下同一年在五院演講的經驗。之所以能在許多單位之間演講，講授自己很枯燥無味的專業，回想關鍵因素，應該是個人具有教育的背景，也曾經就讀過語文教育的科系，更經過長期的部落格文章與撰寫書籍的訓練，建立描述事物能力的底子。

其中，自己最引以為傲者，在於能讓艱澀的知識，以淺顯易懂的文字敘述、輔以圖像呈現。個人超過十本以上圖解法律類的長銷書是最好的證明，而其中的關鍵就是作文力。作文力，讓自己綿密的邏輯思辯能夠在流暢的語言文字中表達出來。如果文字表現可圈可點，要訓練出優質的口才也是指日可待。

》圖優效應，讓你簡報高人一等

我的簡報格式很簡單，白色的背景，大約一半是圖，一半是文字，而這一半的圖與文字的內容必須是相關的。因為聽眾基本上不看文字，看文字讓聽眾回憶起過去學習的辛苦感，對於具有懶惰本質的人類，容易促使大腦產生疲倦感，排斥學習或者是在你面前直接睡給你看。

　　從日本出版界學習到的經驗告訴我，好的圖解可以讓人愛不釋手、快速學習，永遠難忘從日本買回圖解法律系列的書籍，抱著其中一本上飛機，翻了又翻，忘記了飛機上的幽閉恐懼症，到現在還很讓人興奮。《記憶的秘密》一書中提到，記憶偏好實實在在的具體影像，而不是描寫這個影像的 1,000 個字[20]。

　　好的圖片，能讓人輕鬆搞懂冗長的文字解釋。至於本段標題的圖優效應（Picture Superiority Effect）所指為何？

　　1973年，美國心理學家斯坦丁做了一個關於記憶的實驗。他找了5名大學生，製作了10,000張圖片，其中一半圖片為普通圖片，上面畫著一些事物的基本特徵，就好像我們板著面孔照出來的一寸照片一樣；另外一半圖片是一些帶有生動情節的圖片，就好比是我們的生活旅遊照。

　　實驗中要求大學生同時記憶1,000個單詞、1,000張普通圖片和1,000張有生動情節的圖片。如兔字的文字，一隻兔的普通圖片，正在啃紅蘿蔔的兔子的生動圖片。幾天後，斯坦丁又找他們看更多數量的單詞、普通圖片和有生動情節的圖片，共計5,000張，內容包括先前看過的那3,000張，並請他們指出哪些是曾經看過的。

　　結果發現，他們平均記住的生動圖片為880張，普通圖片為770張，單詞為615個。此一實驗結果說明生動的圖片最容易記憶，普通的圖片又比單字容易記。所以記憶方法大多是把數字、文字，變成具體的圖像，有時候會搭配場所記憶法使用[21]。

　　總之，好的圖像簡報，縮減你與成功的距離。

---

[20]《記憶的秘密》，第265頁。

[21] 人除了是圖像性思考的動物外，也對於場所空間有很敏銳的記憶感覺，所以較高階的記憶方法會利用場所的空間感，放置剛剛大腦設計好的具體圖像，等到需要回憶先前所記憶的東西，只要依據所擺放的位置找到圖像，再反轉成為原本抽象的文字。參考《圖解法律記憶法》，十力文化出版。

》簡潔的結論

　　簡報的內容，必須經過綿密的論證為基礎；但是，簡報的呈現，卻不能像三姑六婆般廢話連篇，最好能快速切入重點，直接說出報告的結論，然後再逐一介紹論證的基礎。

　　在課堂上，學生利用剪報介紹某企業營運狀況時，如果內容有些繁雜，有些許不知所云的狀況，身為老師的我都會來個最後提問，內容通常是：如果給你一分鐘，能否講出這份簡報最想分享的重點，以及這個重點的依據。

　　TED演講大會中，要求簡報者必須在18分鐘內講述重點，習慣於至少1小時50分鐘的講者，必須將內容濃縮成精華的18分鐘，不必擔心太短，因為剛剛好可以把重點陳述出來，聽者依舊可以維持良好的精神集中度。

　　在企業簡報的效率要求更高，如何在有限的時間，讓聽眾得知你的重點，然後說出這個重點最關鍵的依據，是簡報成功與否的重要關鍵。切莫沒準備、沒信心、報告一點重點都沒有，這樣子的報告不僅在學校很難獲得高分；在職場上，也將是你成功的絆腳石。

〈 結 論 與 建 議 〉

◎ 利用好的平台，訓練自己的簡報力。

◎ 好的圖片編排，會讓你的簡報檔更有吸引力。

◎ 作文力，讓人能快速理解自己要表達的內容。

◎ 練習短時間清楚地表達重點。

21 座位的影響力

》教室後方的座位，是大部分學生的選擇

　　學生都很喜歡坐在教室後面的座位，也不管你講得好不好聽，後面的位子一定先坐滿。老師也未必在意學生坐哪裡，只要把課程教完、義務完成，也不必在乎學生到底有沒有吸收，這是目前大學普遍的現象。

　　我雖然都是教授通識課程，或者不是必選的選修課程，來選這門課的學生，大部分也都是希望好混，最好還是營養學分，那這門課就是好的課程，這是95%以上學生的心態。

　　但我不認同這樣子的「坐法」，因為通常坐在後面或左右兩側的學生都以為老師不會注意到他們，但實際上老師上課視野的盲點，絕對不是這幾個位置。所以，我上課都很明確地表示說：成績從前面往後打，坐在愈後面的成績愈低。

　　經過這樣子的調整，除非前幾堂課沒來不知道我的規定，否則大多會往前調整，而修正後的上課態度通常令人訝異，差距居然變得這麼大。畢竟坐在後面的學生上課沒壓力，<u>沒有壓力就沒有動力</u>；前面的同學雖然有壓力，但時間一久就習慣了。筆者很喜歡與前排同學互動，被強迫與老師互動的學生，不但學習成績比其他同學好很多，在應對進退能力的養成也更為成熟。

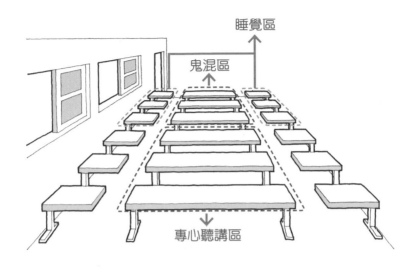

別小看座位的影響力

還記得「蝴蝶效應」嗎？

美國西海岸的一隻蝴蝶飛舞著翅膀，可能傳遞到美國東海岸就變成了颶風。同樣地，一時小小的怠惰心態，覺得沒關係，就這堂課偷懶一下，結果每一堂課就懶惰起來了。

現在很多同學都喜歡上課玩手機，老師如果不制止的話，學生就很容易陷入手機的泥沼中無法自拔。試想看看，養成了上課不認真的習慣，以後出了社會，參加重要會議是否也會玩手機呢？

所以不管是上課位置的選擇，或者是上課認真聽講與否，都不只是對於這門課負責任的態度，更重要的是會逐漸影響日後工作態度，自己的心性將會逐漸地改變。

》Windows的工作管理員

大腦的運作與電腦很像，可以從電腦的運作方式窺知一二。使用電腦的時候，當按下Ctrl、Alt、Delete三個按鍵，就會出現「工作管理員」，點選「應用程式」的項目，會看到我們正在使用的程式。下圖中，可以看到有開Word、PowerPoint、資料夾、Line、Chrome等程式。

上述這些程式在桌面上可以看得到，但電腦也有很多小程式，只要一開機就運作了，例如防毒軟體、自動更新程式、輸入法等，但是在桌面上比較不醒目或看不到。在「工作管理員」中點選「處理程序」的項目，就會發現裡面有一堆在幕後執行的程式，很多程式根本看不出其用途為何，有時電腦跑太慢，可能是太多程式同時運作，往往還要上網查一下這些程式的目的，找出沒有必要者將之刪除。

　　所謂的習慣養成，就是大腦建立一個模組的概念，如同上述「處理程序」中的小程式，如果在大腦中不自覺地建立了一個惰性學習小程式，每次開機就會在幕後操作，那還真是恐怖啊！所以，不要因為選擇到不好的座位，而影響到自己的學習企圖心。

　　選擇一個靠近老師的座位吧！第二、三排中間偏左或偏右，都是非常好的距離！

< 結 論 與 建 議 >

◎ 坐在前面的同學，因為與老師的溝通機會增加，互動能力也比較好。

◎ 座位會影響一個人的心智：喜歡每一堂課都挑選後排座位的學生，容易留下個性不積極的後遺症。

22 | 筆記與閱讀力

》筆記是重要的第一步

　　有時候上課學生沒帶指定教科書，也許是不願意選購指定教科書，那至少也該帶本筆記本，但是大多數的學生都沒有帶筆記本的習慣。到底來上課是坐著發呆，還是根本打算混到學期結束取得學分？

　　這樣子的習慣也會帶到職場。試想看看，當開會的時候，兩手空空地走進會議室，到底是記憶力太強而不必帶筆記本，還是根本不在乎這場會議？老闆又會怎麼看待你的工作態度？

　　人的記憶力通常沒有想像中好，如果老闆在會議中交代了二十件重點工作，很難每次都能靠頭腦記起來。總經理在會議中講了一段激勵人心的話，這一段話讓你熱淚盈眶，或者是講了個超級好笑的笑話，很想要偷學起來，但如果沒有馬上筆記起來，過了三天，真的還能記得這個可以轉變人生的觀念嗎？

》筆記轉變成個人專屬資料庫

　　有人從求學開始，一堆課程與研討會，寫了一大堆的筆記本；一直到進入職場的短期訓練、會議，也是不斷筆記。但是寫過的筆記本，在課程、研討會或會議結束後，還會花多少時間翻閱？即使花了些時間整理，又有多少對於自己的未來產生影響？

　　我覺得最大的問題在於**整理資料的方法**，當你累積了一百本筆記本，想要找到一個隱約存在於腦中的模糊觀念，否則光想到這一百本

筆記本，就不太想查找，直接打退堂鼓。

但是，資訊時代給了不同的解決方案。例如會議分配的工作，可以在結束後輸入行事曆；心得重點也可以整合在特定的 Word 檔案中，只要關鍵字設定妥當，甚至於根本不必設立關鍵字，日後只要用搜尋的方式，無論有多少檔案，都可以輕鬆找到所要的資料。

以個人出版書籍的經驗為例，時常在網路上或生活經驗中，發現許多值得留下與分享的觀念，會將核心觀念先抄寫在自己隨身的筆記本，如果沒有也沒關係，找一張紙、一枝筆，先暫時抄寫起來。到家後一定把核心觀念衍生成三到五百字的文字內容，然後透過臉書分享給朋友，通常也會有許多好友回饋，藉由這些回饋，往往可以調整原本寫的內容，甚至於可以補充更多寶貴的內容，整合成一個可書的資產。假以時日，這些零碎的資料就可以匯集成一本好的書籍。

如果是一個從事行銷工作者，也可以把隨身看到好的行銷點子蒐集起來，現在智慧型手機很方便，可以即拍即存，回到家再把照片整合到資料庫中，加上一些註解，未來可以成為行銷點子的資料庫。

我個人經營部落格、臉書，即使只是一般聊天回應，都會很認真，因為我知道自己的想法可以整理起來，日積月累將會成為未來的資產。其次，我會用不同的資料夾，把資料分門別類整理好，並且把資料整合在 Word、Excel、PowerPoint 等軟體中，切記要註明資料來源，以免未來產生不同想法時，要再看看原始資料發生找不到資料的尷尬狀況。

先將未來計畫出版的書籍做為資料庫的名稱：

- facial code
- 公司法
- 公民與社會
- 公寓大廈管理條例
- 民事訴訟法
- 洗錢
- 如何寫論文
- 投資理財
- 法律人的第二本書
- 保險法
- 租賃
- 教育法律
- 教室哲學
- 圖解法學知識
- 簡報檔

　　有些規劃的書籍名稱中，還可以繼續分門別類，將資料做更細部的分類：

》淬煉出自己的知識體系

廢死，你支持嗎？

　　電影「鐵幕疑雲」中，支持廢死的大學教授蓋爾被指控謀殺同為廢死團體的好友，也被判了死刑。但在執行死刑前，蓋爾接受一位女記者的採訪，在女記者剝洋蔥的追求真相過程中，發現殺人事件並不是像表面一樣那麼簡單，而是以死亡來證明司法誤判而執行死刑，將發生不可逆的遺憾。最後，當女記者發現真相，也在街頭狂奔希望阻止死刑的執行，但似乎都在教授的安排下，挽救已經來不急了，最後只好將預先安排的自殺影片公諸於世，以此證明死刑會造成不可挽回的錯誤。

　　看完這部片子之後，對於廢死的議題可能會偏向於支持，可是沒幾天又碰上殺人狂魔的社會事件，割頸、百刀致死，這時候你又開始不支持廢除死刑；<u>人的決定往往會因為不同事件而動搖自己的立場</u>，外在事件影響了自己的情感，情感的波動又變更了自己的決定。最嚴重的通常發生在選舉事件，國內藍綠對決，如果是敵對政黨成員違法犯紀，一定追殺至死，但如果是同黨成員則輕輕放下，而且還能找到完美的理由。

　　每一次決定似乎都符合邏輯，但整體來看卻發現充滿了矛盾，這是因為<u>缺乏了自己的知識體系</u>。矛盾，源自於沒有自己的標準，所以

早日建立自己的知識體系，才能避免矛盾決策的發生。

在學習的過程中，會接受許多的觀點，不要只是吸收，而是要分類整理，將這些觀念必須與自己原本的想法相結合，並且不斷驗證、淬煉，讓知識的體系穩固，不會因為不同事件而有所矛盾；一年能看多少書只是創造知識的量能，重要的是經過淬鍊後找出其中的重點，這些重點如同磚塊一樣，最後可以堆疊出自己的知識體系。

》提升閱讀的速度

很多朋友會覺得自己唸書比較慢，是不是腦袋比較差？不是，只是方法不對，以下提供幾種讀書方法：

⑴先從簡單、有趣的開始看

投資理財的基本功夫，當屬看懂財報、財務分析，但你要看哪一本才能懂？個人建議先看漫畫、圖解等級的財報書籍。舉個例子，有一本日本人所寫的《人生就是算計啊！漫畫讀通財務報表》，不但是漫畫，而且以戀愛比喻股票，我覺得還蠻適合初學者的。

如果一下子就看深奧的書，在學習過程中很容易遇到挫折，有了過多的挫折，就很難建立自信。當然也有人以懸梁刺股的心態在學習，看不懂就問，再難也沒有問題，但有這樣子堅定信念的人畢竟是少數。

⑵不建議太早看頂尖修練的書

還記得以前練武術的時候，很喜歡在各大舊書攤上翻找秘笈，但很多書只有一些心得感想，什麼心與意合、氣隨意轉、單刀看手、雙刀看走……見鬼了，才剛開始練是會懂喔！

如果你屬於投資理財的幼幼班，很多像是神諭的書就暫時不要看了，因為你無法體會。無法體會的書，看完也不會讓你有所成長。對於跟著我學習的朋友，知道我很少講這些修練概念的文字，只會從行

為中實際去做,希望他們能理解修練的道理。

⑶抓重點、寫心得

　　看書,記得把關鍵字作記號,如果對內容有一些心得感想,甚至於聯想到其他曾經學習過的內容,也把相關的重點文字寫在旁邊。為什麼要這麼做呢?因為這樣子做有利於未來複習。但是重點畫線不要太多,每一頁抓些關鍵字,或發人深省的句子即可,如果畫成滿滿的整頁都是重點,那跟沒有抓重點是一樣的結果。

⑷複習是很重要的工作

　　看完一本書,一定要在短時間內看第二遍。可是從頭到尾再看一次,實在是很浪費時間,這時候先前畫重點的內容,以及旁邊加註的文字,就有很大的幫助。

　　只看關鍵字。關鍵字,代表你第一次所看的重點,可以馬上提醒你之前在書中學習的內容,如果大致上有印象,而且對於內容也沒有什麼疑慮,就不必再看一次。如果覺得想不起來是什麼內容,或者是不知道該怎麼解釋,請再看一次。所以第一次複習應該只需要先前的1/10時間。

　　隔一陣子,再回頭複習。再次複習有助於強化這本書的學習,因為通常隔了一段時間,相關類型的書看過許多本,腦袋中對於這一個領域的知識已經往上提升不少,再看一次會有更深一層的體會,而且不需要每個字都看,只要看關鍵字,讓腦袋自動讀取已經存放在大腦中的內容。

⑸愈看愈快是正常現象

　　同一類型的書應該會愈看愈快。當你會計、財務分析的初級書看了三本,並且有複習過,也有找一些實際案例來學習,內心通常已經沒有什麼太大的疑問。

　　所以,只要在書店看到該類型新書,應該可以更快地翻閱,看看

標題、抓抓關鍵字，大概就可以知道在談什麼，甚至於案例都可能差不多。如果書名是1小時看懂財務報表，恭喜您，可能只需要20分鐘就翻完這本書了。

(6)找人練習分享

　　教的人比聽的人更容易建立知識的邏輯性。講一次給別人聽，如果發現講解不太順，或者是別人一問就倒，代表還沒有真正融會貫通，請再回頭翻閱相關書籍。

　　如果找不到好的聽眾，對著鏡子自我練習，也是很好的分享方式，而且還可以順便練習自己的口條，對進入職場也有相當大的幫助。

(7)開始看較高層次的書籍

　　有了前面的底子，翻閱較高層次的書籍時，會發現大多數的觀念你都有了，建立自信心就是成功的第一步。一本300頁的書籍，說不定只有50頁的量需要閱讀，而且可以馬上抓出哪些知識是較高層次的內容，相信這樣子的學習，會讓自己更有效率地往成功的頂尖邁進。

< 結論與建議 >

◎ 筆記只是第一步，如何建立自己的資料庫才是重點。

◎ 看書要記得畫重點，看完一本書要馬上複習一次，過一陣子再複習一次。

◎ 當某一種領域的基礎書籍都看完了，就可以往更高難度挑戰。

23 | 學習力：別為了分數學習

》分數只是指標不是目標

還記得以前唸書，怕被打、怕被當，所以認真唸書。當考上理想的學校之後，大學生活就被戲稱為「由你玩四年」，誰還管你學什麼，玩才是最重要的事情。迄今，即使經過多次的教育變革，這種因恐懼而唸書所留下來的遺毒，仍然非常嚴重。

對部分人士而言，學校的學習是終止而不是開端[22]。大多數的學生都是為了考上大學而學習，即便現在錄取率等同100%，但競爭還是非常激烈，因為不止要考上，還要考上好的大學。所以考試為手段，考上為目的，而不是以學習為目的。學校用分數評量學生，學生為了爭取到名校的入學機會，只好採用分數來評量，但許多學生到最後忘記了學習的目的是過程與內容，反而把分數變成學習的目的。

臺大郭瑞祥教授求學時一直都獲得Ａ，但某一次卻遇到人生可能無法得到Ａ的課程，為此還退選重修一次，但無論如何努力，還是只得到了Ｂ。為此，他還特別向老師致歉，沒想到老師反而恭喜他終於不必再為Ａ努力，可以追求更多有價值的學習。「第一個Ｂ」的故事，也成為郭教授不斷提醒學子的重要歷程。

大學老師遇到的學生就是習慣於考試的學生，容易培育出不會發

---

[22] Robert T. Kiyosaki，《富爸爸，窮爸爸》，第83頁。

問的學生。一個問題習慣一個答案，即便是申論題，也是希望有範圍的答案，只要把一定範圍的內容背出來，就可以通過期中或期末考，當然不會發問了。

我在大學教書這麼多年，學生也一直希望單純的題目與單純的解答，例如：

> （〇）拾得100萬元，拾得者可以請求一成的報酬。

只是從國小、國中到高中已經很少思考性的練習，如果在大學都無法思考，那跟設計機器人有什麼不同？更可悲的是，現在很多機器人的邏輯分析力還遠強於真正的人類。把剛剛那一題稍微修改：

> 拾得100萬元，拾得者是否可以請求報酬？（既然是美德，為何還要領取報酬？）
>
> 如果認為可以，理由為何？應該主張幾成為宜？
>
> 如果認為不可以，理由為何？試從正反雙方舉出利弊得失。

這樣子的考題較能建立法律邏輯的思考能力。因此，重視分數、考試內容欠缺邏輯思考，都是目前的弊病，應加以改正調整。

》唸碩士、博士的目的為何？

- 很多人問我有必要唸碩士、博士嗎？
- 但是唸完碩士、博士好像也沒什麼！
- 碩士、博士會比較高薪嗎？
- 這麼多人是碩士、博士，有用嗎？

我個人認為這些問題都不是問題，因為這只是長久以來科舉制度的後遺症，讓人們誤解了學習的概念。

個人的想法，唸碩士、博士的重點在於這個過程中你學到了什

麼，頭銜當然不是重點，只是辛苦過程結束後的一個認證。很像是參加馬拉松賽跑到達終點時，大家給你的掌聲，重點還是跑步過程，比較可惜的是大家只重視掌聲，卻不太重視跑步過程的修練。

至於名校情結的重點應該是資源的分配，名校的資源比較豐富，而不應該是光環。很弔詭的情況是我國的教育環境是公立學校比較便宜，照道理來說應該就是讓貧窮學子去唸，但這些學校的資源比較多，所以有錢人也搶著唸，最後搞得有錢人花少少的錢就可以上好學校，而窮人必須花很多很多的錢去讀資源比較不夠的私立學校。

但也不是只有名校才有資源，有了好資源也不代表會換來成功。很多好的企業家與領袖，也不一定有名校背景。更辛苦地取得資源，或許更能夠有效地應用資源。因此，名校不代表學生會有好的表現，我們要建立一個正確的概念，名校應該是以我們畢業生的表現為榮，而不是我們以學校的名譽為榮。

雖然不該有名校情節，但根據很多資料顯示，部分企業有臺成清交的「統計性歧視（Statistical Discrimination）」，也就是說企業主喜歡優先錄取臺成清交的學生，這種名校情節導致許多其他學校畢業的學生即使很有能力，卻連面試的機會都沒有。此外，碩士起薪比較高，這也是依據學歷做考量而非能力，這些現象在許多企業中都存在，也就是教育背景會產生統計性歧視的現象。

你我若無名校背景，該怎麼辦？

據研究結果指出，員工的教育背景並非工作表現的有效指標，因此隨著時間過去，薪資與教育背景的關聯性將下降。反之，能力指標卻與薪資的關聯性逐漸接近。總之，在此要恭喜各位，洗不洗學歷將不是重點，只要在職場上撐得久，真本事將會逐漸敲碎統計性歧視[23]。

---

[23] Paul Oyer，《交友網站學到的10堂經濟學》，第127頁。本書所提到的研究，參照 Employer Learning and Statistical Discrimination，http://public.econ.duke.edu/~hf14/teaching/povertydisc/readings/altonji-pierret2001.pdf。

》有需要，才會想學習

很多人邀請我去分享法律的知識，如果是收費的場次，我都會問：「一般人不打官司，不會想學法律，所以您設定客群是哪些人呢？」如果貿然答應接這場演講，結果上課的學員很少也很尷尬。

大學也是一樣的情況，我大部分是上法律，學生通常都愛聽不聽的，畢竟目前又不打官司，沒有急迫性學習需求。有一次，某位學生下課時問我車禍的問題，因為這個問題很常見，於是我告訴學生等下統一對學生介紹，結果一上課，這位學生從最後一排改坐到第一排，非常認真的學習聽講，但其他學生依舊如故。

> 知識，有需要才會想學。

由內心而發的需求，讓你願意真正地用生命去換取更多的利益。舉個例子來說，筆者經營的國家考試領域，就發現一般大學生覺得很無聊，應該是營養學分的法律科目，總是愛唸不唸，到了期中、期末考，才百般不願意地看。

但是，對於想要選考公職的考生，這些法律書卻是懸梁刺股地反覆研讀。因為如果考上了，可以換到了穩定的工作與薪水，這並不是外在壓力逼使他去學習與閱讀，而是內心的驅動力，讓他願意去讀這些無聊的法律書。

難道大學生不需要嗎？並不是，而是還沒有感受到需要。從學生的角度來看，畢業需要學分，所以會找一些好過的老師，不點名、不交報告、不考試，符合這三不原則就是好老師。好不容易進了大學，對於學生的真正需求，玩四年是讓人比較心動的選項。社團、交友，一晃眼四年就過了，學校開設的一堆課程，就像是影片放了快轉一樣，好像有學到，但最後什麼都想不起來。直到出了社會，才發現什麼都不會，要花更多錢去學習當年沒來得及學到的知識。

》沒有需求的動力，如何強制學習？

學生是沒有學習需求的，學費很多是父母賺的，交男（女）朋友也不太需要花什麼錢，理想大於現實，「有了愛情，麵包沒有也沒關係」。出了社會，現實的壓力才會逐漸席捲而來，這時候才有動力。

如果評估自己是「沒有需求，沒有動力」的人生，則必須要透過設定「簡單目標」與「獎勵回饋」來強制學習。

▶ 第一，設定未來的工作目標：

如果要當一位稱職的國際貿易人才，就要設定好自己應該具備的基本技能，像是語言、國際觀、行銷經驗、會計知識、法律概念等，每一項基本技能都要達到五等級中（特優、優、可、不佳、劣）的第四等級（優），例如在語言方面，要達到日文二級、英文檢定中高級。設定目標，才能讓自己做好進入社會的準備。

▶ 第二，達成目標進行回饋：

如果達到一定的目標，例如日文檢定過了三級，就把打工的錢提撥一部分讓自己出國旅遊。獲得正向回饋之後，就可以有更強大的動力進行下一個目標，即使沒有產生更強大的動力，至少也不會排斥。

現在我還會設定一些簡單的目標，例如平日寫1,500字的稿件、假日寫3,500字的稿件，達成後去享受最喜歡的大餐、咖啡、或去芳療中心享受按摩等。一週可以寫出大約15,000字的稿件，累積起來也很可觀，一個半月就可以寫完一本書。

我自己全省舉辦財經、國家考試、法律等知識分享會，又沒有收入，要如何維持動力呢？我發現教學也會上癮，當看到學員秒懂且滿足的表情時，自然而然會有極高的成就感，而希望讓更多人都能夠有這種表情出現，成就出全台灣「最佳理財啓蒙師」的稱號，這就是我自己找到的需求。

》投資自己，最不會虧本

偶然間在網路上看到一則故事。

一個男子在公司待了25年，每天用同樣的方法做同樣的工作，每個月都領同樣的薪水。一天，男子憤憤不平地要求老闆給他加薪及升職，他對老闆說：「我有25年的經驗，難道不能升職嗎？」

老闆嘆著氣說：「你沒有25年的經驗，你是一個經驗用了25年。」

想想自己是不是也和這位男子一樣，一個經驗用了25年？這時候的你通常沒有太多的談判籌碼。試想，如果身處於一種過氣的產業，像是BB CALL的製作，或者是傳統底片的生產工廠，你每天做的事情都是一成不變，如果辭去了這份工作，憑著這25年的經驗，你還有機會找到更好的工作嗎？

經驗是否寶貴，有時候不在於時間長短，而在於經驗的趨勢性。不斷地投資自己，把自己的精力投入在有趨勢性的地方，比如投資房地產、股票，可以獲得更長遠的收益，尤其是景氣不好，更要投資自己的腦袋。

》磨亮你的斧頭

知名的理財專家夏韻芬說：頸部以上的多投資，頸部以下的不用花太多錢。這一句話的重點在於大腦是值得投資的。這個概念並不難，難在到底有多少人可以做到？

在進修部兼課，學生大多都是半工半讀，八成比例的學生大多是低薪階級，所以在課堂上常有學生向我抱怨，現在外面的薪資很低，每天工作時間很長，賺不到什麼錢。我總是鼓勵這些學生，要好好地讓自己成長、蛻變，才可以賺取讓自己滿意且突破現狀的薪資。

有一次，某位朋友跟我說：職場工作了10年，10年如一日，薪

資也如同10年前，1年依舊賺不到30萬元，現在還面臨可能被裁員的風險，為什麼會這樣子呢？

我想起了一個網路流傳的故事「兩個砍柴人」，簡單地說一下，有兩位砍柴人，一位年輕力壯、一位年紀很大，但老柴夫砍的樹木總是比年輕的柴夫還多。無論年輕的柴夫比他多早到森林、多晚離開森林，砍回來的柴都無法比老柴夫多。

沮喪的年輕柴夫在努力了好幾個月後，終於決定放下自尊心向老柴夫請教：「老柴夫，我比你花更多的時間砍柴，又比你有力氣，為何砍的木頭還是比你少？」

老柴夫淡定地說：「年輕人！你每天花那麼多的時間在森林裡砍樹，回到家後就直接累倒在床上，有沒有發現花的時間愈長、感覺愈累，但是砍回來的木頭卻愈來愈少？」

年輕柴夫：「確實有這種感覺！工作時間與回饋收益居然有成反比的趨勢，懇請老柴夫開示。」

老柴夫：「很簡單，因為我每天回家後都會磨利自己的斧頭，所以隔天斧頭還是很銳利，砍樹依舊很輕鬆。但是你卻只顧著花更多的時間砍樹，卻忘了把斧頭磨利，當然會愈來愈辛苦。另外，我又利用省下來的時間，研發出新的砍樹工具，明天開始，必定能用更少的時間與體力，砍到一樣的數量。」

這個故事告訴我們，在職場的發展過程中，必須要不斷地追求成長，否則單靠體力與人相爭，或者是以工作時間來強調自己工作的努力程度，並誤以為時間應該與收入成正比者，總有一天在年老力衰、優勢的體力要素不存在時，才發現工作時間與收益未必呈現正相關。

網路上常看到有人哀怨地說自己工作很辛苦，還找了二份工作兼差，月入3萬5，滿足了基本生活所需之後，根本沒有多餘的錢可以享受人生。這些大多是<u>太過度相信以時間換取薪資的工作模式，卻少了留些時間磨利自己的知識與技能</u>。

可能10年之後，這類型的新鮮人依舊是不願意磨亮自己斧頭的傢伙，即使變成了職場的老鳥，還是會一樣的哀哀叫，而且幻想哀叫完後，就能改變一切悲慘的狀況。總之，磨亮你的斧頭，10年後才能以更有效率的方式，獲得更大的利潤。

》一次一關卡

不要太貪心，想要一次就把所有研究完成，反而會因為做不完而喪失自信。我在大學的課程中，通常都會在每隔兩三次的課程中，請同學自行回家做一項簡單的作業。譬如說請分析油價上漲或下跌的理由、請寫一份車禍的和解書等，內容不會太難，只要稍微花些時間，就很容易完成。

電腦或網路遊戲也是一樣，會以關卡的方式，逐步讓你有自信與興趣，每完成一個關卡，就充滿了成就感，而且關卡的難度是由淺入深，不會一下子就讓你難以過關，透過這樣子的方式，讓自己喜歡上這一個遊戲，而且逐漸無法自拔。學習也是一樣，從一些小關卡著手，很容易就能喜歡上了學習這件事情。

< 結 論 與 建 議 >

◎ 分數，只是鼓勵自己學習的方法，別把分數變成學習的目的。

◎ 設定目標，才能讓自己做好進入社會的準備。

◎ 達成目標，給自己一些回饋，產生學習的正向循環。

◎ 投資自己，絕不會虧損。

◎ 隨時磨亮自己的技能，讓自己不斷提升，未來才有可能改變。

◎ 透過小關卡的研究與突破，可以讓自己的學習力逐漸成長。

24 第一眼印象：漂亮的履歷

》證照無用論？

有一則新聞，某位工程師取得了大約10張證照，也在資訊業界闖蕩了7年之久，但最後還是擺攤賣滷味，過去的證照只能拿來貼攤車，當作裝潢罷了。從網路上的照片，看到這位工程師總共考取了下列證照：

證照名稱	證照內容
MCITP（MCP＋MCITP共3個考試5張證書）	微軟認證IT開發專家，資料庫管理、資料庫開發或商務智慧領域。
FCNSA（Fortine Certified Network Security Administrator）	管理及維護FortiGates的知識及能力
DRAGONSOFT	弱點掃描認證
JNSA-S	JNSA-AS 培訓的前身是專為業務人員設計的JNSA-S培訓。JNSA-AS提供與Juniper進階安全專業技術相關的所有培訓課程，包含FW/IPSec VPN、入侵偵測與防禦（IDP）、SSL VPN，及統一存取控制（UAC）。將統一存取控制納入專業培訓單元後，我們正式將此授權培訓更名為JNSA-AS。
JLPT Lv2	日文二級

　　這些證照看起來也不是沒有用，可能只是不適用於他當時任職的企業，但是否就可以據此證明「證照無用論」？當然不行囉！

　　我常常在課堂上問學生是否已經考了證照，並不是因為證照代表了能力，但請替企業設身處地著想，如果要聘用一位會日文的行銷人員，應徵資料如雪片般飛來，企業難道要一一面試？當然不會，所以會設定一些門檻，像是學歷、經歷，而證照也是常見的門檻之一。

　　證照，未必代表能力，只是進入企業的<u>最初門檻</u>。

　　換言之，取得證照只代表稍微瞭解這個領域的知識，並不代表專業或者是有解決問題的能力。曾經有朋友問我一張證照：CEH（Certified Ethical Hacker，中文翻為「道德駭客認證」），是否考上之後就可以當資訊安全人員？

　　答案當然是否定的，個人曾經上過那張證照的課程，就是一些駭客的攻擊基本流程，以及該如何進行防範。但是相關的程式都比較老舊，很多攻擊情況都因為系統的變更而根本不可能發生，很像是核子戰爭時代，還在研究刀槍劍棍如何過招。所以學完之後，知道劍來，可以拿刀擋，但如果是丟了一顆核子彈，就不知道該如何防範了。

　　這張證照只代表你懂得攻擊及處理的基本概念，但不代表你懂得什麼實質的內容。

》檢視你的無效資歷

　　有些人在職場擁有多年資歷，但想要跳槽找尋其他工作時，履歷表卻看不出特色，讓我們看一下某位國貿系學生畢業多年後，想要應徵大企業的海外駐點管理人才，其遞送的履歷表內容簡要如下：

時間	公司名稱	職稱與工作內容
2006年-2007年	嬌生補習班	行政人員
2008年-2009年	慣養國際有限公司	櫃檯小姐
2010年-2011年	無	準備國家考試
2012年-2013年	新竹縣政府	約聘打字人員
2014年-2019年	愛心國小	代課教師

　　看到上述履歷，如果你是正在徵人的企業，應徵的也是一般行政工作，那或許會符合需求；但如果是非一般行政工作，對於這位應徵者的履歷，可能認為是沒有專業能力，出了社會7、8年也沒有任何的歷練，偏向於偷安怠惰的工作類型。假設企業需求是要派駐海外人才，更可能懷疑這位應徵者是否具備強大海外生存適應能力？所以，這份履歷直接扔到垃圾桶的機會應該是99.9%。

　　或許很多學生出了社會找不到工作，只好抱持著騎驢找馬的心態，先求有再求好，但很多人進入一家公司，只要環境尚稱安穩，工作也不太需要動頭腦，久了之後，即使薪水很低，但還是淡定處之。

　　舉個例子，有位朋友大學22歲畢業後出社會，因為自身科系比較不好找到工作，又沒有特殊專長，好不容易找到一份公司小助理的工作，本來想要晚上進修，過個二、三年之後再跳槽。但一待卻是5年，晚上進修也斷斷續續、無疾而終，更不必幻想據此成為跳槽的關鍵，一直到了30歲拉警報，還是當個小助理，只能天天買樂透、罵政府不提高基本薪資。

　　如果你的資歷平淡無奇，也不符合你職場規劃的需求，請立即找到欠缺的能力，馬上掌握各種進修的機會，改寫你的履歷。

》兩點理論

曾在網路上看過一篇很有趣的文章，關於搶匪搶銀行的故事，內容如下：

有一個犯罪集團正在搶劫銀行，準備要拿著搶來的錢離開時，一位匪徒就建議老大要不要先算一下有多少錢，老大很鎮定地說，不必那麼麻煩，回家看新聞就知道了。

後來新聞報導銀行遭搶7千萬，犯罪集團心想明明只有2千萬，怎麼會有7千萬元？

原來銀行主管在清點損失金額時，囑咐員工把上半年虧空的5千萬元加進去，員工聽了還笑嘻嘻說，真希望每天都有人來搶劫。事後老大反省了一陣子後，很感嘆地說，我賭上性命才拿到2千萬，他們動動嘴就拿了5千萬，真該唸點書。

這個笑話告訴我們，唸書是很重要的。

　　繳了學分費不來上課的人很多，尤其是像我這種老師，開門見山就說不點名，一班50人的課程，下一堂課馬上就只來10%，5人。不要懷疑，有時候5人還算多了。

　　這種繳了學費只想要取得學分，過了四年領畢業證書的心態，只是浪費了這四年和學費。難道是老師教得不好嗎？無論好或不好，都有可以學的地方，只要學會其中兩點，到畢業的140學分（差不多70門課），就可以學得140點的關鍵技術，足以在社會上生存了。

　　至於翹課的學生，花了時間也花了錢，真正學到了什麼？可能在10點到20點之間，可惜了這麼一個良好的學習環境。沒學到東西，只能說學習環境差，卻從來不問自己為什麼不學。

　　除了學校的課程外，每一場研討會，也找到你可以學的一點，這樣子參加研討會的時間就不會浪費，因為你都在專心地找出可以學習的一點。接著，思考如何把這一點應用在生活、工作上，或者是回家找到更多有關這一點的相關資料（擴張專業），接著把所蒐集的應用層面、相關資料整合到你的資料庫。

》文憑只是一張車票

　　有一段話據稱是香港首富李嘉誠所言：文憑有如車票，高中畢業是普通票，大學文憑是自強號，碩士畢業是高鐵票，畢了業就像是到了站，無論是哪一種車票，都必須要下車找工作。

　　老闆不會管你搭什麼車子來，只會管你會不會做事情。

　　但真的是這樣子嗎？

　　還是有很多企業，面對如海浪般湧入的履歷，過濾的標準很簡單，只要不是臺成清交的學校就先丟到一旁，即使有著顯赫的經歷也一樣，不是名校，連被看到的機會都沒有。

　　但是也不要妄自菲薄，郭台銘在20多年前曾經應邀到臺大機械所演講，一位只有海專學歷的老闆，臺大學生怎麼會看得起，很大的講堂也不過來了10幾個人，扣除掉主辦單位的工作人員，真的是冷清得可憐。

　　但今日，鴻海的郭台銘卻成為臺灣最重要的企業家之一，多少臺成清交的學生都是他的員工，而這一段小插曲，也成為一篇在網路上流傳〈那一年，我們看不起郭台銘〉的小品文。

　　文憑的重要性只是因為舊有思想的束縛，出了社會還是看能力。

〈 結 論 與 建 議 〉

◎ 證照，未必代表能力，但卻是進入很多企業的門檻。

◎ 找出你未來的工作方向，建立你的漂亮履歷。

◎ 每一堂課，至少向老師學習2點關鍵技術或知識。

◎ 文憑只是一張車票，到站了，老闆只會管你有沒有能力，至於你搭了什麼車來，並不是重點。

25 | 分享力：
換氣理論讓你賺更多

》只想要吸氣，就容易嗆到

常常聽到學生說：老師，我的程度不夠，先當潛水客即可，先聽聽別人怎麼說，等到有程度的時候再來和別人分享⋯⋯

經過了一段時間，發現一件很有趣的事情。說出這些想法的學生，過了幾年之後，還是一樣只能當潛水客，依舊停留在聽別人分享的階段，自己卻無法達到與別人分享的程度，這種現象一直反覆發生在我們的周遭。

單純的聽，與願意分享自己的心得，久了，是會有不同的成長結果。在此分享個人所體會出「游泳換氣理論」，游泳換氣是吐氣而非吸氣。當你吐氣時，空氣會在吐出的過程中，自然將空氣引導入你的肺部而且不會嗆到，如果你硬要吸氣就會嗆到。分享就是吐氣，當你願意吐氣的時候，不知不覺地就能學習到很多、成長許多。所以當你只想要賺錢、賺錢、賺錢，卻一點都不願意分享的時候，小心，可能會嗆到自己。

換氣，要先吐氣，才能吸氣！

2007年起，我開始寫部落格，取名為「山林中荒廢的法律小屋」，取這個名字是有典故的。剛開始寫法律部落格，本來是叫做「法律小屋」，從法律的角度分享一些對於時事的觀察，但是或許因為主題是法律，很少人來看。當時有點沮喪，於是就開個玩笑，改名為

「山林中荒廢的法律小屋」，沒想到這一改，很多人都來鼓勵，也有人覺得這個名稱很酷，從此知名度打開。

後來很多的演講，都是拜孤狗大仙（Google）的幫忙，許多承辦單位搜尋一些關鍵字就找到我的部落格，只要演講內容扎實、有趣，口碑就會逐漸打出去。有一次臺大科際整合法律研究所要舉辦三天的課程，聽講者都是一些法官等專業人士，突然要開一門「數位證據」的課程，想了半天不知道該請誰，當然就先問孤狗大仙（Google），結果又是找到了我。

▶ 所以，分享是釋放能量，讓別人知道你存在的過程。

》願意付出，爲何會賺更多？

分享，是一種付出的概念。很有名的一本書《秘密》就是強調付出的重要性。談到付出，第一個想到的就是捐款的付出。當時我仔細算了一下，當我捐款10萬元，如果綜合所得稅是20%，報稅可以抵免約2萬元的稅額，但還是有8萬元離開自己的口袋，這樣子划算嗎？

當時的我做出一個決定，不要管為什麼，先做就對了。

於是我強迫自己每年捐一些錢，包括公益團體、學校、領養貧困小孩，並且擔任志工，很奇妙的是我當時的年收入開始快速增加，但是原因卻不清楚。或許從捐款增加、志工活動增加，可以與年收入增加畫出一個正相關的圖形。兩者也許有因果關係、也許有關聯性但是沒有因果關係，無論如何收入倍增是事實。

> 習慣捐款，錢只是一個數字而非身上的肉，代表不再被金錢所束縛。

有朋友抱怨都有一直都有捐贈，但薪水沒漲、資產也沒增加？這可是對於捐贈的誤解，捐贈這個行為並不是會讓你薪水漲，更不會讓你資產增加，捐贈是讓你養成一種能夠不被金錢控制的靈魂；舉個例子，當你在投資的時候做出錯的決策，金錢對你來說就是數字而不是你身上的肉，這個差別可以讓你果斷地照紀律停損，降低失敗投資所導致虧損的金額時，就可以讓勝出的投資戰果不會被過度侵蝕，長期來說對自己是有利的。

又經過了多年的修練，持續追求較為保守型的12%報酬。直到有一天，一位多年前的學生私訊給我：「老師，本來以為錢賺得多，您應該會享受人生，但剛剛在臉書上發現您貼了所謂的奢華享受，居然只是一般飯店的『把費』（自助餐吃到飽），原來有錢的人反而不會亂花錢，而是把錢放在被動收入中。」

經過學生的提醒，似乎找到了問題的癥結，之所以一直宣導賺12%就好，看到可能賺更多的也不願意投入，**只賺適合你的投資標的，不適合你的就不要碰**，就如同游泳換氣一樣，當你不太會游泳的時候，好不容易浮上水面，用力吸一大口氣絕對是正常反應，但是可能就是最後一口氣了。如同一般游泳選手一樣，呼吸並不求大，而是夠就好，如果只為了吸一大口氣換取短暫的爽快，反而打亂了呼吸的節奏，那可就慘了，這一整趟游泳行程將會更加痛苦。此外，之所以只願意過著平淡的生活，而不願意開高級車、上俱樂部，也都是不願意讓暴利、奢華的高度起伏生活改變自己的心性。

有錢人學著不變成金錢的奴隸，金錢只是他們完成目標的工具。

》有計畫性捐款

我一向主張有計畫性的愛心，常常看到發生大型災難時，許多人發自內心地捐出自己僅有的儲蓄、殺撲滿，包括五歲宋姓女童捐款

20萬元的故事,都被大幅度地報導與鼓勵。

做愛心是很好,但這類型的愛心行為,我不建議與鼓勵。因為這類型的捐款方式是沒有計畫性的,屬於「掏空口袋型」的捐款模式,對於整體公益環境未必有利。

大家回想一下,在大災難之後,募款有如雪片般降下,但是過一陣子之後,許多與大災難無關的公益團體卻叫苦連天。為什麼?原因很簡單,因為大多數可以捐款的民眾,都把有限的捐款金額捐給了大災難的相關公益團體。口袋拿不出多餘的錢捐款,愛心資源<u>無法有效的分配</u>。

愛心捐款,主要目的是奉獻給別人,反射效益是獲得自身的滿足。但如果暴走式捐款,主要目的卻偏向於撫慰與滿足自己的憐憫所產生的酸楚感,對於整體愛心資源分配恐怕會產生很慘烈的破壞。

愛心,需要有計畫性的安排,而非猛暴型的捐款[24]。

》辦活動的體會

2014年5月至2015年3月間,每個月都舉辦一場成長活動,從簡報力、行銷力、理財力、志工力等,透過學員活動參與與經驗分享,讓大家能在有限的時間獲得大幅度的成長。在費用方面,通常是採取分攤成本,但有時候成本太高,總是得自掏腰包。

常常開玩笑地問其他學員是否願意當「爐主」,也就是負責承辦活動、自負盈虧?當然大家都喜歡參加,但是卻沒有人願意接手承辦。至於我呢?為何即使冒著賠錢的風險,還是持續舉辦活動呢?

---

[24] 各位可以試著執行2年看看,如果你年收入100萬元,就捐個1-3萬元,可以分2次捐款,2月跟11月是不錯的建議,因為可以避開繳稅的那個月份,還有很多費用都是年中繳款,避免同一時間負擔太大,這樣子可以讓你的捐款執行力更強。

曾經看過一本書介紹早期研究的主流是「行為主義」，認為唯一值得測量的東西，無論在動物或人身上，就是行為；而測量思想、感覺則是在浪費時間[25]。本書也提到很多人喜歡現金，認為只有現金的增長才是增長，卻忽略了其他股票、基金、保險等資產的整合性計算。所以，大家都很容易只去計算帳面上的價值。

主辦活動是相當難得的經驗，從決定主題就要進行許多複雜的統計分析、觀察學員們的反應，瞭解市場上有哪些類似的課程可以參考。接著要接受報名，該如何透過詳細的解說，吸引更多學員參與，以避免帳面虧損的情況[26]。大略知道學員人數之後，就要尋找合適的場地。最後，準備好當日應有的設備，安排課程內容，期待活動順利圓滿完成。換言之，舉辦一次活動的過程，可以成長許多，這些經驗值無法以金錢加以衡量。

一般人有多少機會可以主辦活動？

很少，大多數的朋友幾乎沒有主辦過，或者是頂多參與活動的一小部分工作。所以為了讓我的成長團體學員快速成長，只好將盈虧的風險由我個人吸收，將一些舉辦活動所需要的事項下放給學員辦理，讓學員可以透過辦活動的過程，獲得自我基礎能力的提升。

好友Eva偶然的一次支持，讓我啟動了捐款臺灣法學基金會的方式，讓我辦活動的資金壓力減輕不少，可以有更多的資源推動更多免費的活動，目前舉辦的投資理財、國家考試的分享會，每年大約有20至30場次。

雖然沒有收取任何費用，但獲益最大的還是自己，畢竟平常大量

---

[25] Kelly McGonigal，《輕鬆駕馭意志力》，第155頁。
[26] 舉辦活動的成本，一般而言包括：(1)場地費，大約3,000-8,000元；(2)助理費，一場約1,000元；(3)飲料費：20人大約1,000元；(4)其他文書費用：大約1,000-3,000元；(5)稅金。

吸收完各種知識之後，必須經過「淬鍊」的過程，才能讓知識體系逐漸穩固、凝實，最好的方法就是實戰、檢討與分享，譬如說市場交易股票、參加模擬投資交易，屬於實戰的類型之一，而舉辦分享會的過程是一種檢討與分享的過程，當自己要講出一些內容，必須經過大腦重新結合、淬練現有知識，透過簡報檔或口頭說明的方式分享，再加上學員的反饋，這些可是用錢也很難買到，在此要特別感謝一起成長學習的好夥伴。

< 結 論 與 建 議 >

◎ 願意付出金錢，代表不再被金錢所束縛。

◎ 快速成為理財高手的捷徑：透過分享知識的過程，在表達之前會將自己的知識重新整理，重新整理的過程中，也會發現不足之處，藉此誘使更多的學習動力。

◎ 愛心，需要有計畫性的安排，而非猛暴型的捐款。

◎ 主辦活動雖然耗費時間又很麻煩，但是卻可以讓自己成長許多。

26 | 賺錢力：
做個很難被取代的人

》沒有人是不可以被替代的

「沒有人是不可以被替代的。」

這是我當年受訓時長官一直耳提面命的話，當時有點兒不服氣，但隨著時間的歷練也有了不同的想法。

這句話有兩種層面的意義。第一，不可以被替代，你就很難有升遷的機會；第二，公司不會因為個人難以被取代，而被予取予求。舉個例子，聽說我服務的單位中有位負責科學鑑識的同仁，卡在鑑識單位一直無法升遷。原因之一，他走了，沒人能進行該項鑑識，所以沒人敢讓他調走。這位學長一氣之下，喊著要退休，後來該項科學鑑識工作停擺一陣子，但也沒人慰留，就真的退休了。

原來當初長官說「沒有人是不可被替代的」，這句話是玩真的。當這位同仁退休之後，長官馬上招募了幾位年輕同仁，送到國外訓練，很快就接起了他的工作。

老總！這位在業界是獨一無二的喔～～

話雖如此，並不代表就不要追求自己的專業，還是希望大家在工作上即使無法建立不可替代性，也要建立很難被人取代的高門檻，而且要找有前景的領域，找機會跳脫出目前單位的框架，或者成為眾多企業挖角的對象。

》電視劇「派遣女王」告訴我們什麼？

日本這個國家與臺灣很相近，老年化、少子化，大前研一所寫的《賺錢力》一書中也提到即便安倍晉三的三隻箭政策，依舊無法改變日本已經是一個老化國家的事實。

早年我常跟朋友說，要知道臺灣未來三到五年的發展，就到日本看一下。因為臺灣與日本一樣，都有嚴重的老年化、少子化，以及排外的制度，所以到日本可觀察到遊民很多、流行一人食品的現象，派遣工制度的盛行也是其中之一，只是這些觀察，在國際交流日益快速、各國差異縮小的年代，恐怕得縮短到一到兩年。

日本電視劇「派遣女王」描寫一位幾乎全能的派遣職員，總是很有自信地替大公司處理一些最艱困的狀況，當然薪水更是與能力等量齊觀。一位派遣人員與既有的人事制度算是風馬牛不相及，派遣女王哪管你是公司的高層，專業早就凌駕了階級制度。

「尊重專業，否則免談」的氣魄，是我看了這部片的感想。女主角總共到過98間公司擔任派遣職員，通常工作三個月後就會休息三個月，到西班牙旅行後再接新工作。女主角的兩大工作信條：「能夠相信的只有自己」、「沒有比正式社員更危險的事物」，所依賴的就是「時薪」，這一種對於傳統職場生態印象的改變，倒是讓我思考了許多。

再加上冰島破產、希臘公務員飯碗不保，美國底特律市政府破產，點醒了我這個世界改變的速度已經超出你我的想像。想要依賴退休金嗎？恐怕等到你我那個年頭，因為少子化的惡化，政府發放退休金所代表的意義，變成3個年輕人要養1個老年人，這種難以承擔的重，或許未來的年輕人會選擇放棄。換言之，現在可以預期的退休金，未來可能是一場空。

其次，在勞工意識大幅度上升的環境下，企業要在「世界是平的」這樣子的國際競爭環境中生存，微利時代可以砍的就是勞工，砍不下去就以機器取代，派遣工的現象只會愈來愈多，要透過立法限制派遣工也怕是難以力挽狂瀾。因此，現在就要以派遣工的心態來面對未來。

假設派遣工的制度將成為未來的主流，請不要小看派遣工，優質的派遣工，專注於專業的追求，放棄職位階級的區別，並且依據自己所建立的專業，展現職場上的自信心，建立企業問題的「解決力」，以此換取高薪資，並善加運用高薪資，讓自己早日財富自由。

》不要奢望退休金

很多公務員都在期待退休時能領取「月退俸」，也就是退休後每個月都依舊可以領個幾萬元。但隨著退休基金的財務惡化，政府亦沒有能力補足惡化所造成的缺口，從以前的七五制變成八五制[27]，也就是公務員年資加上年齡必

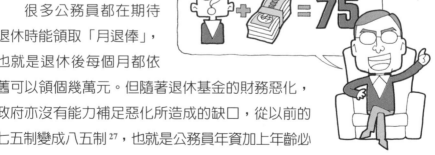

27 例如27歲進入公務體系，51歲時公務員年資已經達到24年，51＋24＝75，七五制中，年齡加年資達到75就可以領月退俸退休；但如果是八五制，則必須要56歲，年資達到29，56＋29＝85，超過85才可以領月退俸退休。

須是超過八五，想要早早退休將是愈來愈不可能的事情。

當想到有一個安逸的生活等待著自己，很難讓自己有所改變與突破。我看過太多優秀的人才，為了往上再爬一級，好讓自己退休的時候可以領取更多的退休金，將自己50歲到65歲的黃金歲月耗費在公務機關中一場無謂的等待。

有一次應邀到富邦金控公司演講，邀請者是曾任警政署資訊室主任的李相臣先生，他提到自己與獵人頭洽談轉換跑道的經驗，表示很早就被獵人頭公司相中，也要求他好幾次轉換跑道，但都未曾答應。一直到52歲的時候，獵人頭公司做出最後通牒，表示52歲後將不再提出要求，因為在他們的概念中，52歲以前是有能力，也是做事情的年紀；但是52歲以後，雖然有能力，但已經不是做事情的年紀。

大前研一也提到類似的概念，其主張「年齡＋年資＝75歲」就可以退休。因為日本的大企業擁有太多人才，中小企業卻出現人才荒，這些人才應該提早退休另謀高就，在50歲到65歲的十五年中，可以利用過去的技能與經歷在新產業中尋找自己真正想要的工作。否則在原有企業只不過是行屍走肉，安於現狀讓公司養一輩子，不如與年輕人開創新公司，有助於自己和國家的發展[28]。

我個人也是設定50歲退休，將轉換跑道奉獻自己的能力在其他領域，不等待月退俸，因為人生的時間價值很寶貴，絕對遠遠超過月退俸帶給我的安穩價值，50歲到65歲的十五年只有一次機會。

況且，少子化的時代，少得可憐的工作世代，必須要撫養多得不成比例的退休世代，這在許多國家中都非常常見[29]。很久以前聖經的故事「法老王的夢」，告訴我們在豐年七年之後，將會有七年的飢荒

---

28 大前研一，《賺錢力》，第140-144頁。

29 柏賓・薛佛，《35歲開始不再為錢工作》，第198-200頁。

年，大家要做好準備。於是，法老王聽了有解夢能力的瑟夫建議，在豐收的時候抽取五分之一的糧食，替未來七年飢荒年的到來做準備[30]。

現代政府也是一樣，退撫基金必然破產，政府應該要做好準備，現在的政府也抽了不少稅，只是徵收稅賦並不是要存起來供未來使用，而是在徵收同時馬上又把錢花出去，一毛錢都沒有留給未來的荒年。所以，千萬別期待政府發的退休金能安養晚年，靠自己比較實在。

》僱傭模式的改變

日本是一個老化的國家，老化國家的特徵職是都市集中化，鄉村人口減少逐漸空洞化，形成各個超大型的都市，東京就是其中一個；在大都市中上班是一件痛苦的事情，即便有密密麻麻的地鐵，但擠進車廂有夠艱困，地鐵工作人員必須用盡吃奶的力氣，手推、腳踹地才能把乘客塞入車廂。

然而，2020年因為COVID-19疫情的發生，為了防止疫情的蔓延，許多企業紛紛投入在家工作的模式，在此改變的趨勢之下，日本東京的員工以後一大早未必要每天擠著擁擠的電車，美國矽谷員工也不需要再過著上下班要耗在車上6小時，員工可以選擇在世界各國一邊旅遊一邊完成工作，未來的工作模式將有突破性的轉變。

只需要穿著短褲、拖鞋，刷牙、洗把臉，泡杯咖啡，打開自家的電腦，就可以在家工作，工作過程的溝通、會議、成果，都以網路的方式進行傳遞；換言之，當數位化的程度愈來愈普遍，在家工作的比例將會逐漸提高，像是英文教學、電商、軟體設計，將會形成一種主流趨勢。

---

[30] 有關「法老王的夢」，參考 http://www.bappress.org/ndir05r/tgn09.htm。

　　除了派遣工、在家工作的趨勢成形外，還有一個很重要的趨勢，就是「我就是企業」的概念。早期雇主找客戶，然後聘僱員工生產客戶需要的產品，現在很多員工直接跳過雇主，透過特定平台或自己的管道尋找客戶，雇主被平台所取代，員工直接面對客戶賺取更高的利潤；此一模式對於有能力的員工更加有利，因為過去只是領取薪水，現在則是扣除掉平台利潤之後，其餘的都是自己所有。

　　在這些改變的過程中，你可能還在自己的工作環境中兢兢業業，希望有朝一日順利退休；殊不知在這個一日多變的社會，等待不變的心態將讓自己身陷危機中，唯有觀察趨勢、及早改變自己，並且適應環境，才能夠在未來變動危機中過著安穩的生活。

< 結論與建議 >

◎ 即使無法建立不可替代性，也要建立很難被人取代的高門檻。

◎ 專注於專業的追求，放棄職位階級的追求，建立解決企業問題的「解決力」。

◎ 50歲轉換跑道，不要被原公司安穩的福利制度所綁住。

◎ 退休金請靠自己，比較實在。

27 緊迫感：
加速學習的秘招

》如果只剩下一個月的生命

當你發現自己生命只剩下一個月可
以活，你會想要做什麼事情？

北極之旅、沙漠極限跑步，看來是
沒機會了。這時候你的腦中晃過許多該
做卻沒去做的事情，從現在，是否會
好好把握每一分每一秒，享受每一口

生命倒數
計時開始！

進入胸口的氧氣，與家人共同享受每一天，還是和電影「一路玩到掛
（The Bucket List）」一樣，與另外一位也是生命即將結束的朋友玩
遍全世界。

無論是哪一種選項，都代表你將更重視自己的有限生命。

讓我們再換個角度想，當我們遇到緊急狀況的時候，也許是90
分鐘之後就要召開會議，而一項重要報告因為宿醉而忘了在昨天晚上
完成，等下沒交出來恐怕飯碗難保，這時候腎上腺素快速分泌，自己
的工作效率突然達到300%。當然如果你還沒有出社會工作，想想看
期末考快到的前一天，你是否覺得看書的效率超級高？

最後結果如何？相信大家已經猜到了，沒錯，報告居然在最後十
分鐘完成，而且還有十分鐘可以泡杯咖啡；期末考即使只準備一天，
其實和你東摸西摸準備一個月的效果差不多。很明顯地，人的潛力是
可以透過時間緊迫性而激發出來。

≫ 3 cells的電池，不要用 6 cells

我每天打字至少要有3,000字，在工作之餘，必須花費極大的時間在賣弄筆墨。為了減少自己的工作時間，必須提高效率才能達成此一理念。所以常常都帶著筆記型電腦到7-11打字，但是7-11的誘惑很多，例如突然來了一位鄰居、穿短裙的辣妹在前面買東西，這些都會讓我分心，所以我用了一個簡單的方法：不帶多餘的電源及電源線，只帶一顆3 cells的筆電電池。

因為7-11沒有插座可以充電，3 cells的筆電電池大約只能撐一個半小時的時間，這一個半小時就得強迫自己很專心地思考並撰寫內容，等到電量到極低的時候，就準備打道回府，長期下來效率非常高，可以非常專心。

如果不這麼做而改在家中完成，因為電量永遠充足，所以就會上上臉書、看看新聞或笑話，有時候還看個影片，結果3、4個小時下來，居然沒什麼進展，也許才打個500字，與一個半小時完成至少3,000字的效率相差甚遠。

≫ 小目標，容易達成

當你願意接受改變才能讓自己的收入暴增，但問題就在於改變自己必須要花很長的一段時間，大多數的人想到就不太想動，畢竟人是好逸惡勞的生物，這時候該怎麼辦？

可以套用前面所提到的「創造時間緊迫感來支撐自己的學習力」，把一個大目標切割成很多小目標，而且先從簡單的目標開始。因為小目標比較容易達成，並搭配時間緊迫感，建議每個目標都先設定二個月就要達成。

時間的急迫感是一個不錯的成長動力，但時間要多長比較合適呢？如果太長，例如一年，就不具備急迫感；如果太短，例如一週，

恐怕又無法達到學習一定知識的效果。個人建議長度以二個月為宜，尤其是遇到暑假期間，那更是一個完美的區間，因為當大家都在玩樂的時候，你正在努力學習，別人玩樂回來曬得黑黑的，而你卻成長到另外一個階段。

》給自己喝杯咖啡的呼吸空間

每次設計簡報檔，絕對不會把頁面塞得滿滿的，寫書也是一樣，一定會留下一小塊白，讓人在閱讀的時候，能有一點喘息的空間。同樣地，設定目標即將達成之前，應該要給自己一些「留白」，如果是暑假期間，就以暑假的長度再少一、二週。

為何要少個一、二週呢？

因為當目標達成時要給予自己一些享受獎賞的時間。這一、二週的時間可以安排一趟旅程，例如與愛人環島旅行，或者是到日本北海道來個二週的知性之旅。每次想到可以有這麼美好的旅行，就讓自己有持續奮鬥下去的動力。

當然這些小目標還可以切割，並且在每個切割的斷點上再加上一些鼓勵的回饋機制。以我個人為例，寫稿子是一件很漫長的事情，常常寫稿子寫到一半就放棄，因此我會設定每天只寫2,000字，不難達成，達成之後就讓自己去咖啡廳享受一杯咖啡，好一點的話就去泰式按摩店按摩，讓自己有一個美好的期待，反而會更期待完成自己所設定的目標，每次完成都有更好的回饋，動力就會源源不絕。

< 結論與建議 >

◎ 目標太遠大，一看就累了，請將目標拆解。
◎ 時間太長久，容易消磨志氣，請將期間縮短。
◎ 請在達成目標時，給自己一些回饋。

Chapter

5 支出控管的藝術

28 | 支出：氣魄花錢

》高手不怕花大錢

　　高手不怕花大錢，就怕不能花在刀口上。例如南下演講的時候，我都會選擇搭商務艙，雖然貴很多，但為了進入演講會場時保持最佳狀態，多花一點錢讓搭乘高鐵的過程中舒適，擁有充分的休息，多花一點錢絕對值得。

　　人一開始是靠時間來賺錢，像是排隊使用九三年份的10元硬幣換取價值大約600元的燒肉餐一份，代表著排隊6小時只值600元，每小時價值100元。但慢慢地時間的成本愈來愈昂貴，反而希望花一些錢把時間買回來，即使要花很多錢也是值得的。例如要突破某個投資理財學習的瓶頸，必須要花8,000元上一堂2小時的課程，很多人不願意，結果過了好幾年這個問題依舊無法解決。換個角度想想，以前要問專家問題，可能要排隊等到不知哪一年，但現在只要花8,000元，就能有機會與專家親自面對面詢問。

　　換言之，在以時間換取金錢階段的朋友就會猶豫不決，但收入較高、時間成本較高者，就願意花這些錢，因為花了8,000元，只要2小時就能突破自己可能要1週才能突破的瓶頸，那當然比較划算。再舉個常見的例子，假設唸臺大EMBA可以學到很多商業經營的知識，更可以結識許多人脈，1年學費若是100萬元，你是否覺得值得？

很多時間成本很低的朋友就開始猛烈地搖頭說NO了，因為100萬元對他來講可是一筆天文數字。但是，有些人想法不同，100萬元可以買到許多寶貴的人脈，當然是值得的。因為如果是靠自己到處認識優秀人才，花費的時間可能要好幾年，還不如花100萬元唸EMBA，一次到位搞定。

歐洲富爸爸柏寶·薛佛在其著作《35歲開始不再為錢工作》中提到其早年阮囊羞澀的時候，好的課程所費不貲，但他並不像一般人捨不得花錢，依舊要求每年至少參加4個課程，雖然當時這筆錢是其負擔不起的大數目，但柏寶·薛佛知道真正承受不起的是不再自我進修。因為繼續進修所付出的代價，遠遠不及因為愚昧所付出的代價[31]。

》氣魄花錢、暢快享樂

很多人都以為謝霆鋒只是一個演藝人員，但其實他是一位很成功的企業CEO。一次偶然的機會，在Youtube看到謝霆鋒在香港科技大學的演講，才發現原來他成立了一家名為PO的後製公司，負責電影、廣告片等後製工作，員工已經有100多人，在香港、上海等地均有分公司，得獎電影「桃姐」就是由他們負責後製工作[32]。

我喜歡和台下學生分享這一段謝霆鋒在香港科技大學的演講影片，談著如何在藝人的身分外，默默地經營自己的事業，努力打破歐美企業所獨佔的電影廣告後製市場。在影片中看到他堅定眼神中的企圖心，更在完成壓力極大的工作內容後與員工包機到海外暢快旅遊的體驗，又是員工又像親人般的情誼，這種感覺正是我那暢快賺錢，氣魄花錢想法的源頭。

---

[31] 柏寶·薛佛，《35歲開始不再為錢工作》，第57頁。
[32] Nicholas Tse gives a talk at HKUST (謝霆鋒香港科技大學講座)，http://youtu.be/Mb43bdOHA7c。

個人在每次心情失落、工作沒動力的時候，就會再看一次這段演講，找回自己工作的動力、融入員工的生活。在堅定工作之餘也暢快的生活，那一種全心全意放假的快樂，那種滿足的回饋讓人覺得努力是值得的。

有些人追求不斷地省錢，但當你資產累積到一定的程度，當你的被動式收入也有不錯的表現，想要讓你的工作生活更具有期待性，勇敢地砸錢享受該有的生活品質是必要的。

這也是存錢公式不斷地演進，從「收入－支出＝儲蓄」，發展到「收入－儲蓄＝支出」之後，更應該修正成為下面這一個公式：

想要過什麼樣的生活（支出），想要存下多少的錢（儲蓄），你就要努力賺取多少的收入。

》氣魄花錢，不是亂花錢

很擔心有些朋友看到上面這一段文字，就馬上氣魄地到處請吃飯，或花了200萬元買輛名車犒賞自己，如果是這樣子做，就可能誤解我的意思了。在高手不怕花大錢中，我要強調的重點是花點錢突破關鍵技術的瓶頸，可以省下很漫長的學習時間；在氣魄花錢、暢快享樂中，強調的是當你達到一定賺錢的能力後，不再需要斤斤計較於一些省錢的細節，應該專注於一些賺錢的大趨勢，並且適時地給自己暢

快的回饋感，像是謝霆鋒犒賞員工有利於團隊合作，或者是其他讓自己有強大的動力不斷地突破自己的回饋。

只是當你花的錢不是要突破任何技術瓶頸，也不是要給自己強大的回饋感來鼓勵自己進行更偉大的突破，而只是想要滿足自己的一些虛榮，像是開了輛名車到PUB把妹，這樣的消費行為與本文所要闡述的核心重點就偏離甚多。

其次，回饋型的氣魄花錢很重視比例，賺了100元，獎賞自己的比例不應該是100元，可以拿出20元，其他的部分還是要回歸到投資帳戶中，不斷地累積，讓時間複利幫你達到資產甩尾的成長效果。

< 結 論 與 建 議 >

◎ 該花的錢就花！但一定要花在刀口上。

◎ 要有氣魄花錢，請設定「收入＝支出＋儲蓄」當作你的中程目標。

29 | 認清自己脆弱的自制力

》認清自己是欠缺自制力的物種

這本書提到控制支出的內容不多，該如何少喝一杯咖啡、該如何少抽一根菸、該如何避免成為卡奴，確實有很多內容可以寫，但這些內容實際上的幫助並不大，一方面因為其他書已經寫了，一方面則是因為大多數人都知道這些道理，只是做不到。

因此，我想要講的並不是大家應該怎麼省錢，而是怎麼讓省錢的實踐比較不會失敗，尤其是做到抗拒誘惑及加強自制力。丹‧艾瑞利（Dan Ariely）在《誰說人是理性的》一書中提到，其在麻州劍橋的房子是 1890 年建造的，沒有任何壁櫥，1940 年代房子的壁櫥剛好可以容身，1970 年的壁櫥又大了一些，今日的壁櫥已經是「衣帽間」（walk-in closet），已經不是壁櫥，而是一個房間[33]。

從臺灣來看也差不多，先想一下海尼根廣告，幾位女生走進衣帽間，看到滿屋子的衣服、鞋子，全部驚喜大叫；但這時候他們聽到隔壁男生衣帽間也傳來尖叫聲，一頭霧水的這群女生心想：在衣帽間驚喜大叫不是女生的專屬權利嗎？這些男生是在大叫什麼？這時候鏡頭一轉，男生大叫的原因是滿房間的海尼根。這個廣告蠻有趣，會讓你在大賣場逛街看到海尼根的時候，想到男生們大叫，又啟動歡樂人生的期待，如果你想要得到歡樂人生，買回家品嘗一下吧！

---

[33] Dan Ariely，《誰說人是理性的》，第 149 頁。

》如果上課不點名會怎麼樣？

我喜歡在第一堂課時就向學生表示上課不點名，雖然我算小有名氣的講師，外頭演講不斷，但在學校卻行不通，來上課的學生愈來愈少，甚至於有學生聽說老師不點名，可能整個學期都沒來上課。

這是蠻有趣的人性實驗，當某一門課完全沒有任何要求的時候，學生為什麼還要來上課。從小到大，父母總是期待子女可以達到三好的境界，也就是「好成績、好學校、好工作」。國小、國中、高中，臺灣的學生養成一種偏差的觀念「我來上課是為了得到好的成績」，這個觀念不是說不好，只是目標錯了。

學習的目的應該是學到可以用的知識，成績只是老師從旁觀察，告訴你學習的狀態的一種評比，學生根據成績的結果來調整學習方法。但現實是學生為了成績更好才願意交報告、出席上課，甚至會有許多報告造假、代簽出席的行為，目的是成績，而不是有沒有學到知識，養成了這種習慣，並且不斷地循環，永遠不知道學習是為了自己，而不是為了得到一個別人評價的成績。因此，當出席率不再影響成績的時候，外在吸引力多變的環境促使學生不太願意來上課。

我個人在許多大學兼課，發現長庚大學的出席率最高，是因為他們的學生素質最高嗎？還是系辦有偷偷地要求？據我調查後發現，學校學生因為離林口市區比較遙遠，減低了學生外出遊玩的慾望，再加上學生大多住學校宿舍，外宿的比例極低，因此晚上沒啥事情就乖乖來上課了。如果是接近市區的大學，一位20歲的學生，沒出過社會不知道學習的重要性，外面的世界花花綠綠，必須透過比較強制的手段，像是點名，來吸引他們上課。

》報告與期限間的自制力研究

很多大學生都是考前才開始抱佛腳，尤其是前一天才準備，提早準備的學生比例極低；交報告也是一樣，愈晚準備報告，往往受限於時間因素，報告的品質都很差。Dan Ariely 教授與歐洲管理學院的 Klaus Wertenbroch 教授，兩人共同做了一項針對報告繳交期限與品質的研究[34]。此研究將學生分成下列三組，學期完成前必須要繳交三份報告，但繳交期限各有不同的要求方式：

1. 學生自行決定繳交期限，但決定後不可以更改，且違反自己所定時間會被受罰（控制權在學生的手上）。
2. 沒有繳交報告的期限，也不會受罰。
3. 由老師決定繳交的期限。

等到學生交了報告並評量成績後，看看哪一組的成績最好。在還沒有說明前，請先猜猜看哪一組的成績最好，哪一組又最差？你認為的原因是什麼？

實驗結果顯示，由老師決定繳交期限的那一組成績最好，完全沒有繳交報告期限也不會受罰的那一組成績最差。這個實驗告訴我們一件事情，學生會拖延，或許我們也可以假設成只要是人都會拖延、自制力不夠，唯有透過外力的介入，嚴格限制學生的自由可以提升成績上的表現。

只是透過外力的機制可以提升成績上的表現，但是卻沒有助於自制力的提升。很不幸的是，學校並沒有關於自制力訓練的專業課程，但建議透過這些學術上研究的成果，可以讓學生認清自己的缺點，並且告訴學生可以透過哪些機制來降低行為失控的狀況。

---

[34] http://people.duke.edu/~dandan/Papers/PI/deadlines.pdf。
可參照 Dan Ariely，《誰說人是理性的》，第 151-155 頁。

我個人也在長庚、萬能、中央、臺藝大做過類似的實驗，結果確實差不多，某校採行不強迫交報告的制度，居然少有學生交報告。所以，學生的自制力真的很薄弱。

〈 結 論 與 建 議 〉

◎ 在充滿消費刺激的花花世界中，人是沒有什麼自制防禦力的。

◎ 透過一些誘因，人們才能克服怠惰。

30 猶豫力：
不消費也是一種力量

》讓花費猶豫一下

我算是一位很會花錢、不太省錢的人，小時候曾經得到一顆糖，當時想要與最愛自己的媽媽分享，但是在等待媽媽回家的那1、2個小時內不斷地被那顆糖吸引，等到媽媽回家的時候，糖果只剩下半顆。當年的這個過程，好比是自己進行的棉花糖心理實驗（Marshmallow Experiment）[35]。

雖然我吃掉了半顆，但那一段時間的內心折磨卻讓我一直無法忘記，等到長大了得知棉花糖實驗的內容，才知道這就是「自制力」、「延遲享樂」的概念。有一本暢銷書《先別急著吃棉花糖》，提到一個問題：阿瑟是個司機，他可以在30分鐘內做完紐約時報的拼字遊戲、半小時內解析拉丁美洲的經濟、心算比用計算機還快。喬納森的聰明才智跟阿瑟不相上下，也一樣努力工作，但喬納森卻是位億萬富翁。那麼，究竟為什麼是喬納森坐在豪華轎車的後座享受，而阿瑟在前座開車？

這本書提到了棉花糖實驗，回答了作者多年來的疑惑，為什麼有的人成功、有的人失敗？他相信，成功與失敗的差別，並不光是努力工作的程度或是夠不夠聰明，而在於擁有「延遲享樂」的本事。

---

[35] 所謂棉花糖心理實驗(Marshmallow Experiment)，是史丹福大學Dr. Walter Mischel對小孩子所進行有關自制力的心理學實驗。實驗中，小孩子可以選擇現場吃掉棉花糖，或者選擇等待一段時間後，等到實驗者返回房間，可以得到額外的一顆糖。The Marshmallow Test，http://youtu.be/QX_oy9614HQ。在網路上有很多有關於棉花糖實驗的影片，可以輸入 "Marshmallow Experiment" 即可找到相關內容。

　　所以，這本書的理論很簡單，把錢存起來轉換成可以累積財富的小雪球，當時間經過，透過複利甩尾，就可以變成大雪球。這個觀念很簡單，難在於「把錢存起來」的這個動作，因為有了錢就想要消費，消費就會讓好不容易累積的小雪球變不見，而這牽涉到自制力的問題。

　　回到我小時候的那個場景，是什麼讓我延遲吃糖？

　　很簡單，那時候我父母工作很辛苦，即使年紀很小的我也知道，父母也非常節省，因此那時的我希望能與父母一同分享一顆糖果的快樂，每次想到父母很辛苦，就會考慮正準備將信用卡拿去刷卡的動作。

　　仔細思考這個大腦反應的過程，在想要花錢到去花錢的過程之中，加上一些可以讓你考慮要不要花錢的動作，例如剛剛所談到的想到父母的辛勞，就會猶豫消費行為。（如下圖）

　　這倒是一個有趣的反應。如果把這個小小的發現運用到「支出」，會不會有減少支出的效果？這就如同抽菸一樣，香菸包裝盒上常會有強調心臟疾病、發黑肺部、性功能不舉等圖片，也是讓吸菸者在抽菸之前再次想像。

　　只是問題在於怎麼樣讓自己想要花錢的時候，想到父母工作的辛勞或者是其他可以讓你不消費的考量？

　　乾脆把父母或者是心愛人的照片放在皮夾中，每次要從皮夾拿錢出來的時候就會想到父母的辛勞，或是想到要與心愛人共創美麗的未來，這時候應該就會延緩或降低自己消費的慾望。

》邊際效用遞減

　　我過去有抽菸習慣，剛看到這些圖片的時候倒是會有一些效果，思考自己是否該減低吸菸量，是否該好好地反省抽菸的壞習慣，可是久了也不會去看。以前教室前後左右都會放總統、領袖的照片，希望能隨時提醒自己學習前輩們的精神，但是久了，似乎也忘記了這檔事情，效果逐步降低。因此，在產品上放警示圖、在錢包裡放上父母辛苦工作的照片，都可以在<u>初期達到提醒自己的作用</u>。但是，隨著時間的過去效用也會逐步降低。

　　有關於效用逐步降低的問題，我們必須要提一下邊際效用遞減法則。首先，讓我們先談談什麼是「邊際效用」？

　　所謂的邊際效用（Marginal Utility），是指消費一個單位的財貨所多增加出來的效用。邊際，就是指每多增加（或減少）一個單位時，所造成的變化。如右頁上表：

　　消費第1個單位之總效用是10，邊際效用也是10，如同口渴的時候喝了第一杯水，非常解渴的感覺是一樣的；當消費到第2單位時，總效用只有達到18，邊際效用是8，如同口渴時喝了第二杯水，還是很解渴，但是不會比第一杯水還要好。

數量 (1)	總效用 (2)	邊際效用
0	0	-
1	10	10
2	18	8
3	24	6
4	28	4
5	30	2
6	30	0
7	28	-2

　　一直到了第6個單位，總效用與第5個單位一樣，邊際效用已經是0，如同口渴時，一連喝了6杯水，最後已經沒有解渴的感覺了。而此種邊際效用會隨著消費數量的增加而減少的現象，一般而言，是普遍存在於大多數人的消費行為當中，因為這幾乎是一個放諸四海皆準的原則，即所謂的「邊際效用遞減法則」（law of diminishing marginal utility）[36]。

》寫下你的警語

　　我們可以透過圖片或警語，降低自己花錢時的衝動次數，在最初幾次消費的效果會較為顯著。隨著時間的經過，這些圖片或警語的效果將逐漸降低，這時候建議可以替換成不同的圖片或警語，並且逐漸加強圖片與警語的強度；如果是一樣的圖片或警語，則可以先抽離一段時間再重新放入。如次頁所示：

---

[36] 高希鈞等編，《經濟學的世界：中篇》，第80-81頁。

警語內容	警語強度
省錢是一種美德	10%
別亂花錢，讓家人過更好的生活	20%
今天少花100元，明年就可以省下10萬元	30%
想想父母的辛苦，別再亂花錢了	40%
多花一毛錢，你將少了把妹的資本	60%
還在亂花錢！你有當過乞丐嗎？	70%
想想心愛的人，她快離開你這位窮小子	90%

　　同樣的標語對於不同的人會有不同的效果，像是「想想心愛的人，她快離開你這位窮小子」這個標語對於熱戀中的男女效果很好，但如果正想要與另外一半分手，這可能會一點效果都沒有，甚至可能成為自己消費的元兇。但無論是何種情況，通常父母的辛勞、自己淪落窮困慘況的擔憂，以及對於另外一半幸福人生的渴望，都是最常拿來運用的客觀狀況。

< 結論與建議 >

◎ 找到可以延緩自己不當消費的事物，像是想到父母工作的辛勞，或者是想到與自己愛人共建美好未來，需要一筆龐大的資金。我們可以透過圖片或警語，記載前述延緩自己不當消費的事物，並在自己花費前看到，降低自己花錢時的衝動次數。

◎ 圖片或警語應該隨時替換，或者是先抽離一段時間再重新放入，以避免邊際效用遞減法則的發生。

31 | 從買第一張股票開始

》老師我該如何開始投資股票？

2020年7、8月之間，股市終於突破1990年的高點12,682點，市場氛圍大好，很多年輕人、婆婆媽媽紛紛踏入股票市場，一臉茫然不知從何開始著手，學了一點概念之後，就急著想要賺錢，開口問道：「教授，請問我該如何開始投資股票？」

這一個問題可是大哉問，通常我會建議他先參閱一些書籍，瞭解投資市場的概況，當花了一些時間瞭解後，開始找自己有興趣的股票，並且設定買入的理由，譬如明年將成為電動汽車的獨家供應鏈、賣出土地明年配息將會很高等等，然後就進入市場開始實際交易開始買下人生第一張股票；如果資金比較不夠者，不必買到一張，可以在下午一點半之後，購買零股交易。因為唯有自己有股票才會真正的學習需求動機，因為股價的波動都會影響菜鳥投資者的心靈變動，選到會賺錢的股票並不難，難在於買了股票長期能真正賺到錢。因此，早日持有股票，才能早日在投資的市場中修練自己。

▶ 買一張股票才會持續觀察，是最快速成長的方法。

》擦鞋童指數：誰是最後一隻老鼠

利用臺灣證券交易所（以下簡稱證交所）公布的交易人數，也就是所謂的擦鞋童指數，做為判斷股市交易是否有過熱的現象。簡單來說，如果連擦鞋童、菜市場的婆婆媽媽，這些不懂股票的人都認為股

票好賺,而跳進股票市場,代表著最後的傻子出現,本來價值80元的股票,有傻子願意100元進來買,但沒關係,只要還有更傻的傻子願意用120元購買,那就OK了。

臺灣證券交易所公布的「市場交易月報」資料,新開戶數可以拿來當作判定市場是否過熱的指標。

以下為94至108年的新開戶數,整理成圖表如下:

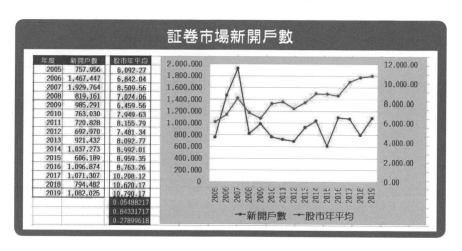

將「新開戶數(人數)」整理在EXCEL的檔案中,然後繪製成圖表,也可以跟大盤趨勢的指數相比較,可以發現一些蠻有趣的現象。除了94至97年之間走勢上有明顯關聯,其餘年度中,股市新開戶數與股市年平均指數的關聯性並不明顯;股市指數的漲跌有多重因素的影響,人數的增加不一定代表指數來到高點,但如果人數突然暴增,就要特別小心是否來到了高點。

》很多人問的時候要緊張

很多人問我，通常代表大盤指數是高點。有一句話很有名：「**當別人恐懼時，我要貪婪；而別人貪婪時，我則要恐懼。**」

當我成為很多人諮詢如何投資股票的對象時，發現一個很有趣的現象，每當股票來到高檔的時候，菜鳥投資者受市場的熱情影響，周遭的朋友都一直表示賺了很多錢，他們開始也想要在股票市場賺錢，於是跑來問我該如何進行第一步。換言之，當問我如何投資的人數突然暴增時，大盤應該來到相對高點，可能會開始反轉向下，這時候就要小心。

反之，當市場跌到一蹋糊塗的時候，一堆投資者哀嚎不斷，菜鳥投資者光聽到哀嚎聲就嚇到了，怎麼可能還會想要投資？所以，透過來詢問我如何投資的人數，也算是另外一種「擦鞋童指數」，可以做為判斷現在市場多空走向的參考。

〈 結 論 與 建 議 〉

◎ 買一張股票，實際參與市場的修練是最快速成長的方法。
◎ 當市場的散戶都要開始玩股票賺錢的時候，就代表市場過熱，
　　該是考慮調節持股的時候了。

Note

32 | 客觀資料比
主觀判斷更重要

》信任你的儀器

為什麼魔術讓人訝異，簡單來說都是大腦容易被騙。大腦的運作常採取概略式的理解模式、容易被植入假記憶、容易產生許多錯覺，所以也容易產生許多錯誤。

在概略式的理解模式下，只留下大腦覺得重要的部分，如果少了這篩檢的過程，你將迷失在充滿資訊的垃圾堆裡，見樹不見林。知名的記憶專家史洛歇夫斯基（Solomon Shereshevsky）能夠鉅細靡遺記得所有事情，但太多細節反而妨礙其理解力。例如他能夠記得所有看過的臉孔，但同樣的人只要改變表情，對他而言又是新的臉孔，因此無法透過與記憶中的臉孔相比較而達到辨識的目的[37]。

人類的 <u>概略式理解模式</u>，有其必要性，因為為了節省大腦運作所耗費的能量，以及增加運作上的速度，大腦無法做精細的運作，只能進行概略式的分析、比對；如果要做到精細，則人類的大腦可能很大一顆且耗費能量，運算速度也會比較慢，在滿山野獸的環境下，大腦無法快速做出決策，可能就成為其他野獸口中的餐點。

信任你的儀器，不再只是戰鬥機駕駛員的重要座右銘，而應該是每個人的座右銘。有關於不信任感官的第一堂課就是：別相信你的感官[38]。舉個例子，你是否曾經撇了一眼時鐘，看了一下秒針的運轉，會

---

[37] Leonard Mlodinow，《潛意識正在控制你的行為》，第89-90頁。
[38] David Eagleman，《躲在我腦中的陌生人》，第77頁。

發現怎麼定格稍微久了一些,感
覺那一瞬間時間是停止的,接著
秒針才繼續往前移動[39]。

再舉一個很有名的植入假記
憶實驗,研究人員要求幾位曾去
過迪士尼樂園的受試者,反覆地
看一份假的樂園宣傳單,裡面是
一段想像與兔寶寶會面的文宣,
內容描述地非常清楚,例如看
到巨大的兔寶寶……非常地興
奮……心跳快停止了……伸出手
握住兔寶寶的手……。接著再詢
問這些受試者,當時有沒有看過兔寶寶?結果62%的人記得跟兔寶
寶握過手,46%的人說抱過他。但這些都是植入記憶,因為兔寶寶
是華納兄弟旗下的卡通人物,不可能在迪士尼樂園出現[40]。

所以,<u>大腦是很容易被外在環境欺騙</u>。投資理財、操作股票也一
樣,到處都有奇怪的資訊在引誘著你,讓你產生許多誤判,只有數據
才是你最好的朋友。如果不相信,請到書店看一下行銷類的書,像
是《大腦拒絕不了的行銷》、《從大腦科學看花錢購物的真相與假象》
等,翻一翻書的內容,會讓你非常驚訝。天啊!原來我的消費金額那
麼高,這都在商人的預期之中。

---

[39] David Eagleman,《躲在我腦中的陌生人》,第75頁。
[40] David Eagleman,《躲在我腦中的陌生人》,第75頁。

》喜歡尋找規則的大腦

有一次股市突破8,500點的時候，有位朋友興高采烈地跑來與我分享，股市即使下跌兩天，一定會反彈上升，所以拉回就是買點。一次兩次還不敢投入太多金額，但當他發現這個規則存在，開始小量試單，也真的賺了錢。但是，最後又出現一次下跌兩天的情況，押了一筆大單，模式卻不再出現，賠了一筆錢。原因在於他看見了一個並不存在的規則，而且深信不疑。

人的大腦喜歡尋找規則，因為找到了規則，下一次就可以減少摸索浪費的時間；此外，大腦採取概略式的理解模式，大多數的細節是用推測的方式加以填補。讓我舉一個例子，請閱讀下段文字：

> 文字的前順後序雖然不對，但你有沒有發現然依可以讀閱。

再舉一個例子，請問底下有幾條線？

> | | | | | | | | | | | |

如果不細數的話，是不是根本無法知道實際有幾條線。這兩個例子都是很有趣的大腦現象，只是我們不要光覺得有趣，要探究為何大腦會這樣子運作，是否會影響我們的決定？

很簡單，大腦如果把每個細節都記起來，會消耗太多腦容量，並不具備效率。因此，概略式的理解，與運用推測模式和規則是大腦的不得不如此的設計。

很不幸地，通常大腦推測出來的模式與規則並不可靠，如同本文一開始所舉的例子，大多數大腦判斷是模式或規則的情況，都是巧合

所造成的，不要相信大腦的判斷，尤其是當你說出「要相信直覺」這類話而貿然投資。建議您，可以透過統計方法或其他科學方式再次檢驗你找到的模式或規則，以避免「神的信息吐司」再次發生 [41]。

請大家想想看，你在投資時是否有類似的問題點，看完我的描述後，下一次當腦袋又發現股市的規則時，是否會「多找資料思考」，而不只是「多思考」呢？別太相信這個自以為是的大腦。

》只看有利的資料

當你開始買股票的時候，必須要看這檔股票的正面報導，也要看這檔股票的負面報導。如果你只看這檔股票的正面報導，可能會有所偏誤，錯誤資訊下的投資就容易賠錢。但是人性還是喜歡找正面的資料來力挺自己的想法，對於負面的資料相當排斥，不深入探討就直接否定之。如果你的投資團隊屬於這一類型的人就要特別小心，因為資訊可能會不完整。

美國亞利桑納大學J‧馬哈賈博士曾經做過一個預測香菸銷售的實驗。實驗中將受測者分為A、B兩組，A組被提醒要盡量蒐集和自己觀點相反的資料，例如當你看到香菸外包裝很漂亮而認為會銷售狀況良好時，就必須找出反論，如公司營運方針調整導致銷售管道變少；至於B組則沒有給予任何的提醒與指導，只需完全按照自己的想法。45天後，經過統計兩組受測者的成績，發現A組的正確預測度達61.9%，但是B組正確預測的比例則為53.4%[42]。

---

[41]「神的信息吐司」這類型的事件頗為常見。Diane Duyser 在 1994 年，烤了一片吐司，發現上面出現聖母馬利亞的臉孔，她把那片吐司放在塑膠盒裡保存了 10 年，直到 2004 年在 ebay 標售，並以 28,000 美元賣給一家網路賭場。http://news.bbc.co.uk/2/hi/4034787.stm。

[42] 內藤誼人，《突破盲點讀心術》，第148-149頁。

　　這一個實驗告訴我們，如果能多找一些反向的參考訊息，避免只關注自己想要的資訊，可以有效地降低看走眼的機會。舉例來說，103年10月13日生產觸控面板的勝華（2384）公司向法院聲請重整，很多投資者看到勝華股價跌到破盤價，腰斬再腰斬，紛紛認為便宜到不得，有反彈的機會而搶進。但如果投資者願意靜下心看一下相關規定，依據臺灣證券交易所營業細則，上市公司有停止有價證券買賣必要之情事，臺灣證券交易所就可以依據證券交易法第147條規定停止其買賣[43]。最後，103年11月19日勝華停止交易，104年4月27日法院裁定准予聲請重整，虧損收場。

》為什麼人們總是喜歡聽明牌？

　　「老師，明天哪一檔會漲？」

　　這個問題會讓老師蠻尷尬的。第一，明牌不可以隨便亂報，送你一條魚還不如給你一根釣竿；第二，跟著別人走路，是看不到前面道路狀況，前面的人發現路上有大坑洞而緊急閃躲，後面跟著但沒看到路況的你，很容易就跌入大坑洞中。

　　不只在學校如此，在外面很多開課的老師也遇到一樣的問題，課堂上滿滿的學生，動輒2、300人，每人收個3,000-5,000元的學費。但學生來上課是要聽技術分析、價值分析、財報等課程嗎？少部分是來學習理財投資的技能，但大部分還是來聽牌的，花個3,000-5,000元聽到幾檔明牌，回去只要狠下心買下去，如果運氣好，漲了一波，那就回本了。

　　反之，如果老師很真誠地想要教一點功夫，學生不想聽也是沒輒，甚至於當學生發現沒有明牌可以聽的時候，報名人數大減，於是

---

[43] 證券交易法第147條：「證券交易所依法令或上市契約之規定，或為保護公眾之利益，就上市有價證券停止或回復其買賣時，應報請主管機關備查。」

乎老師只好順應民情，沒事抖個兩三檔股票，還說這檔股票有大戶操作、作手準備進入，只見台下學員猛抄筆記，報名費滾滾而來，何樂而不為？

人是懶惰的，康納曼教授也有同樣的感觸，費力的思考並不是一件愉快的事情，人們會盡量避免做會讓自己大腦耗費運作這一類不愉快的事情[44]。

我曾經在臉書上問一個很有名的數學題：假如球棒與球加起來是1.10美元，球棒比球貴了1美元，請問這顆球多少錢？很多人的回答是0.1美元。我通常都會安慰他們，答錯了沒關係，代表你們和哈佛名校一半的學生程度一樣。

這樣子的回答就是直覺式的回答，其實只要稍微用聯立方程式計算一下，就會發現球棒是1.05元，球是0.05元：

X是球棒，Y是球
$X + Y = 1.1$
$X - Y = 1$
$2Y = 0.1$
$Y = 0.05 \quad X = 1.05$

---

[44] 參考《快思慢想》，第64頁。

　　當然答對的人也不少，畢竟系統一的直覺是快速的，立即就能端出答案，但是直覺很容易受騙，會產生錯誤的答案。所以當你發現答案是直覺產生的，最好的方式就是回到理性思考的系統二，再好好驗算直覺蹦出來的答案[45]。訓練直覺是為了能快速解決問題，但直覺的訓練必須建構在正確的資訊基礎上。所以當別人問我這個棒球與球多少錢的問題，我並沒有直接跳入系統一回答，因為直覺告訴我會有陷阱，所以轉入系統二計算。

　　同樣地，當下一次分析股票資訊的時候，回頭想想這個過程做了多少分析，還是只是點選了臉書，看看其他人沒意義的喊多喊空，或者是跑去找食物吃，根本沒打算分析資料，大概就可以知道自己長期投資的勝率。

　　跟單，也不容易賺，主因是搞不清楚為何要買？該檔股票的價值是多少？自己都搞不清楚，漲了一兩根漲停板就跑了，一根跌停板也就快速停損，跟矇眼投資沒兩樣。

　　所以，不思考、找明牌、喜歡跟單是人性，也是我們必須要藉由自制力來控制投資理財，雖然找些資訊麻煩一點，但比找明牌那種搞不清楚狀況的「大霧投資」，晚上睡覺的時候也可以睡得更好。

⟨結論與建議⟩

◎ 別相信自以為是的大腦。

◎ 有利、不利的資料都要看。

◎ 不聽明牌、不跟單，只選擇能掌握獲利與風險的投資。

---

[45] 針對哈佛大學、麻省理工學院、普林斯頓大學，以此問題詢問學生，50%以上的學生給了直覺且錯誤的答案。入學申請難度較低的學校，錯誤率更是高達80%以上。參考《快思慢想》，第70頁。

》學習如何蒐集資料

早期當國小教師，或者是在大學學習法律，總是一直被動式地吸收資料，所取得的資料幾乎都是現有的，而非自己主動出擊找到的，在習慣於被動吸收別人過濾過的資料後，自己的思考能力將很容易被別人所操控。

人生總是會有轉折，我從大學畢業進入研究所學習如何在學術資料庫中找到自己研究的素材；在工作環境中學習如何偵辦案件，都讓我學到許多從調閱資料、新聞資料，甚至在與人對談中，學會如何蒐集與分析資料等寶貴功夫。從最基礎的資料庫搜尋、向專業人士取經，甚至於一些想都想不到的資訊取得來源。

現在市面上許多暢銷書，像是最近很熱門的行為經濟學、心理學與大腦神經學等，其內容案例多是蒐集自學術性的資料庫，將學術研究結果整合至新書的內容，這就是善用資料庫以換取出版收入的好例子。舉個例子，個人蠻喜歡看國內的碩博士論文，因為這些研究生花了幾年的功夫完成一份論文，也不需要整本拿來翻閱，只需要看一下論文的摘要或結論，馬上就可以做為自己投資理財的參考[46]。

舉例來說，我曾經想要瞭解庫藏股與股票價格的關係，當時想到上公開資訊觀測站找到近期實施庫藏股的公司，可是一開始要找到關聯性實在很花費時間，時間對我來講是寶貴的，所以就進入國家圖書館的「臺灣期刊論文索引系統」輸入「庫藏股」，可以找到200多篇相關文章[47]。

---

[46] 整合不同領域的科學來研究大腦，這是最近的趨勢，再加上科技的發展讓許多大腦的運作可以呈現在儀器前面，在《潛意識正在控制你的行為》一書中（第142頁），提到如同 fMRI（功能性核磁共振造影）的技術發展，讓社會心理學、認知心理學和神經科學有機會整合而成為社會認知神經學，透過跨領域的分析，讓人們可以更認識大腦。

[47] 參照臺灣期刊論文索引系統，http://readopac.ncl.edu.tw/nclJournal/。

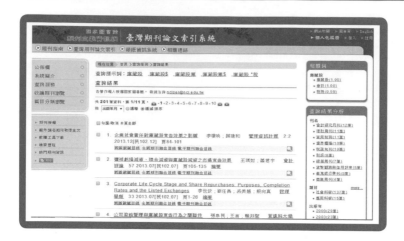

　　另外，也可以進入「臺灣博碩士論文系統」[48]，可以找到500多篇的碩博士論文，有些還有電子全文，可以仔細瞭解其研究的過程與結果。但大多數情況下不需要看電子全文，舉個例子，雲林科技大學財務金融所的「臺灣上市公司庫藏股買回動機與後續盈餘之研究」碩士論文，點選摘要的部分可以看到如下的實證結果：

⑴庫藏股買回動機支持訊號發射假說，亦即當股價被嚴重低估時，公司會大量買回庫藏股。公司持有較多的現金、擁有大量的自由現金流量或槓桿程度較低的公司，買回庫藏股的機率會較高。

⑵公司規模並不影響庫藏股買回，顯示大、小公司依然存有一定程度的資訊不對稱問題。

⑶施行庫藏股買回前、後期的績效有顯著正向的關係。在考慮資產規模、盈餘績效及宣告購回量後，股票購回執行比率高的公司，後續盈餘績效並未較佳，因此，我們未能認定庫藏股買回宣告比率或執行比率對後續盈餘績效兩者之間有直接關聯性。

　　第3點的研究成果中，提到「股票購回執行比率高的公司，後續盈餘績效並未較佳」，讓我想起一段自己的分析。有一次仁寶公告將

48　參照臺灣博碩士論文系統，http://ndltd.ncl.edu.tw/。

在103年05月14日至7月13日實施庫藏股,等到實施結束後一公告,才發現股價從5月13日的22.1元一直拉升到7月14日的26.8元,與公司實施庫藏股沒有關係,因為公司連一張都沒有買回。

有很多網友開始質疑這家公司的誠信問題,並表示這種騙人的公司應該是最後一次實施庫藏股。我也很好奇這兩者之間的關係,於是去找出庫藏股的歷史資料,發現實施庫藏股執行率0%還真不少。

在實施庫藏股執行率為0%的狀況下,還會再宣布實施庫藏股者,還是有許多公司。至於這些公司是否股價會上揚或下滑,則是還可以繼續分析的議題,這些研究議題都有助於股票投資的決策參考。

花了這麼長的時間,雖然對於自己分析庫藏股的能力很有幫助,但如果直接參考這篇論文的結果,也許可以省下很多功夫。無論是哪一種方式大多數人很懶得找資料,因為很費功夫,有時候翻找了一、兩天才得出一個結論。但這個結論即使很簡單,卻是很扎實的。也許是別人的研究成果、也許是自己挖掘出來的,但不管是哪一種方法,熟悉了找資料的過程,未來尋找相關資料將會愈來愈快,而不曾當你遇到特定問題想要找資料的時候,卻發現沒有找資料經驗的你,怎麼找都找不到。

◁ 結 論 與 建 議 ▷

◎ 如果還是學生,恭喜您,趕緊到學校的圖書館查詢一下學校有購買哪些資料庫,可以讓你免費使用,然後找個主題搜尋,看看能有什麼寶貴的資料。

◎ 如果已經不是學生了,那也沒關係,假日到附近的大學,試試看能否換證進入,然後在圖書館內的電腦中,一樣可以搜尋到相關的資料庫喔!

◎ 很多學術資料庫,可以讓你在有限的時間內,學習別人研發多年的成果。

33 | 大數據（Big Data）的時代

》電影「魔球」的大數據時代

近年來，企業很熱衷於發展物聯網，而其核心概念是透過不同設備，例如穿戴裝置。將穿戴裝置上的數據整合蒐集，這些有價值的大量數據，就是大數據（Big Data）的概念。延續著網際網路、雲端，大數據時代的來臨，正意味著這個世界資訊交換越來越快速。

相較於以往股票分析的判斷，現在有更完整的資料庫擺在你面前，可以用各種工具來分析，即使你懶得分析，只要丟出你想要瞭解的股票，就會有許多好心人幫你深入剖析這檔股票的技術分析、財報品質等。

但是資訊愈多就愈好嗎？一定要分析完所有的資料之後，才能徹底理解這檔股票嗎？

這倒也未必。買股票很像是挑男（女）友一樣，你可以從品性、外表、收入、成長性等角度來選擇，但很難有100%完美的另外一半。如果是以100%完美為目標，很抱歉，恐怕就得要孤獨一生，因為找不到。

因此，選擇伴侶必須要有所取捨。

股票也是一樣，又要營收成長、盈餘也要成長，ROE要超過15，股價淨值比要低⋯⋯一堆條件開下去之後，發現可以選的股票很少，或者是選出了股票，又剛好在高檔。

還記得「魔球」這部影片，運動家球隊的經理比恩開始透過數據來挑選好的球員，其中一項數據就是<u>上壘率</u>。結果挑選出來的選手都很特殊，甚至於可以說是「瑕疵品」，不會是傳統球探所喜歡的球員，但上壘率的數字表現都不錯。

結果這一群球員表現如何？達到最長的**20場連勝**紀錄 [49]。

話說回來，既然沒有完美的股票，買些有瑕疵紀錄的股票，不需要每個數據都等價對待。畢竟窮盡各路高手數據之分析，2008年金融海嘯還是隨之而來，更何況是一般等級的我們，算出來的結果恐怕就已經是瑕疵品。

》試著與最少訊息共存？

不過，大數據時代可非人人都喜歡，部分人士認為「試著與最少的訊息共存，才能做出更好的決定」[50]，這樣的觀點倒也未必正確。在《行為的藝術——52個非受迫性的行為偏誤》一書中，提到馬克斯普朗課研究所的研究者詢問美國芝加哥大學與德國慕尼黑大學的學生，聖地牙哥或聖安東尼奧城市的居民何者為多？

結果德國慕尼黑大學全部答對了，但是美國學生只有62%答對。為何如此？因為所有德國學生都聽過聖地牙哥，但卻很少人知道聖安東尼奧，因此都猜熟悉的城市名稱。反之，美國學生大多熟悉這兩個城市，擁有較多的資訊正是他們猜錯的原因。

---

[49] 電影的情節雖然著重於上壘率、中繼投手、虛構人物布蘭(Peter Brand)電腦選角的功力，似乎會達到20連勝都歸功於此，但實際上與三巨投同時進入巔峰期、賽程安排有很大的關係。參照聯合新聞網「魔球電影雖好看 不讀原作恐被誤導」報導，2011年11月29日。

[50] 參照Rolf Dobelli，《行為的藝術—52個非受迫性的行為偏誤》，第48-50頁。

筆者對於這樣子就推導出「試著與最少的訊息共存，才能做出更好的決定」這句話，覺得恐怕太跳躍了。這個小小的測試只能說不論是美國學生或德國學生，對於聖地牙哥、聖安東尼奧城市的概念都還沒有到清楚的那條最低底線。他們還需要更多的資訊，才能做出正確的判斷，而不是說給他們更少的資訊，才能做出更好的決定。

因此，由於觀察股票的角度的不同，有些人偏重於營收成長，有人偏重於定期配股，不同的選股策略，也未必需要全面性的資料。但偶爾還是會發生對於數據呈現的狀況不清楚，而必須要把其他沒有參照的數據再拿出來檢視分析一下。還是這些基本且大量數據的存在，並非完全沒有價值。

》從原始資料開始

很多人挑選股票會找尋好用的系統，但是我個人則偏好原始系統，一些將資料再度整理過的系統，則只是輔助參考著使用。因為幫忙整理原始資料的系統雖然看起來很好用，但是否原始資料都能夠完整呈現，其資料格式的意義是否能清楚地表達，都會影響到自己使用資料的正確性。

在股票投資上，要獲取各種細部資料，個人最常用的資料來源，當屬「公開資訊觀測站」[51]。從公司的基本資料、董監持股、子公司基本資料、各種財報年報、重大訊息及公告、庫藏股、股利、股東會、公司債等資料，非常完整豐富，初次使用者可以觀看使用說明課程的平台[52]。

---

[51] 參照 http://mops.twse.com.tw/。

[52] 參照 http://webpro.twse.com.tw/，裡面有一些教學課程，還有很多資訊，例如重大訊息記者會、業績發表、業務宣導等。

接著「臺灣證券交易所」[53]以及「證券櫃檯買賣中心」[54]則有許多交易資訊可供參考，例如三大法人、鉅額交易、盤候資料、市場公告等資料。另外像是臺灣集中保管結算所的「集保戶股權分散表查詢」，可以得知特定股票股權分散的狀況，如果股本較大的股票，我在每個月初會比較一下持有800張以上的比例，跟上個月的比例相比較，兩者之間的變動情況，來瞭解800張以上大股東的動態[55]。

當你大致上瞭解各種資料的狀況，就可以利用一些民間的系統，透過圖表的方式讓你更能夠視覺化快速地分析資料，例如

---

[53] 參照 http://www.twse.com.tw/。

[54] 參照 http://www.gretai.org.tw/。

[55] 參照 http://www.tdcc.com.tw/smWeb/QryStock.jsp。有許多民間系統將此資料整合成很清楚的圖表，可以省去自己整理資料的工夫。

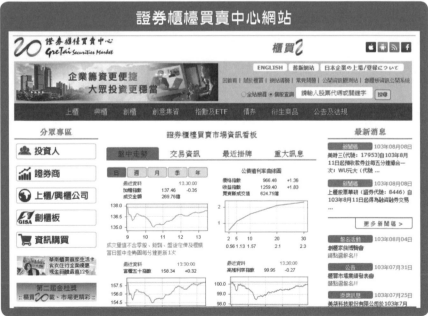

Goodinfo！臺灣股市資訊網[56]、cnYES鉅亨網[57]，或者是各個證券公司所提供的平台，都有很多不錯的資訊，甚至於可以幫你篩選股票。

》財報的數據，只是開始

一個古老的會計笑話，「2＋2＝?」答案不是4，而是「你想要多少？」

財報大多都經過粉飾，畢竟這是要呈現給股東看，總得要化妝之後再出現，配合一些會計原則的限制，真實面很難從財報完整呈現。很多學生就常向我表示：「財報都是騙人的，不要看！」這樣子的觀念還是不正確，如果財報不要看，那要看什麼？

正如同一位女生化妝，雖然不可能直接叫她卸妝，但至少可以從化妝為基礎，比對過去的照片，或整容醫生的醫療報告（瞭解曾經做過何種整容手術），就大概可以推斷卸妝的結果。所以筆者認為財務報表，是投資者最重要的參考依據。身為一位投資者，必須要瞭解財報化妝術、會計原則扭曲現象，配合一些新聞，各種管道瞭解企業內部、管理階層心態的分析。這樣子的過程，要把自己想像是福爾摩斯一樣，自己扮演偵探小說中的主角，反而是無聊人生中的重大樂趣。

美化財務報表，最常見的方式之一，政府或主管機關所頒訂的會計準則，會給予企業一些採用上的彈性，企業可以利用不同的會計準則，讓財務報表更加美化，舉個下圖的例子：

109年度賺了100萬元，去（108）年賺了50萬元，獲利大幅度成長，可是老闆擔心明（110）年度只賺了75萬元，股價就沒辦法一路走高。所以就想辦法進行「盈餘管理」，想辦法讓100年度100萬

---

56 參照 http://goodinfo.tw。

57 參照 http://www.cnyes.com/。

盈餘中的25萬元先保留起來，讓盈餘變成75萬元，而明年度就可以從75萬元，增加到100萬元，達到持續成長的外觀。這也是一般投資人比較喜歡的公司：成長即便不多，但每年都成長。

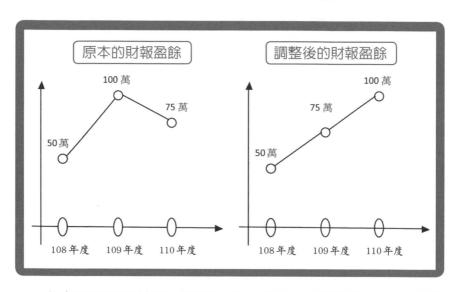

有時候只是單純搞些「行銷」的小把戲，盈餘沒辦法成長，就搞個營收成長。怎麼說？盈餘可能只有1％，與去年8％的盈餘相比，這種消息如果放到市場上，顯然是不好的。這時候就不要強調盈餘，可以強調營收，新聞可能會寫成「第三季營收持續成長」，反正很多投資者看看新聞就買了，但實際上可能只是產品大砍價，例如咖啡一杯原本100元，成本25元，現在買一送三，營收雖然增加，但實際上並沒有賺錢。

》小心不是美化的造假

合法避稅與違法節稅，前者並非不法，頂多有道德上的瑕疵，但後者是法所不容。財報也是有類似於合法避稅與違法節稅兩種等級，如果用女人化妝來形容，財報的美化就如同是單純的化妝，屬於合法

避稅；而財報的造假則是戴上一個如假包換的面具，屬於違法節稅。

　　有些情況很明顯就是造假，不是美化，例如博達案帳上的63億元現金憑空消失，讓許多投資者損失慘重，就是讓大家印象深刻的例子。還有很多例子都讓大家記憶猶新，有些主管機關會及時介入，降低造假對於投資大眾的侵害。例如不斷電及太陽能Inverter廠科風（3043），金管會曾要求重編100年度前3季財報，使得100年度前3季財報數據，由原本稅後盈餘7,885萬元、每股稅後盈餘0.43元，轉為虧損1.8億元，每股虧損0.99元。

　　還有109年董事長跑不見人影的康友-KY公司，也發生董事長將子公司設備抵押換現金，卻沒有對外揭露，導致股價崩跌的事件；這種惡意掩飾不法事實，從財報上確實難以發現，但我們依舊可以從很多數據中發現異常點，譬如說早在107年就出現董監質押比例、融資比例偏高、董事長異常出脫持股、融資使用率過高，就算是財報看不出來，有負向指標的股票就應該避開，以免受到傷害。

　　大部分造假的原因都是為了「炒作股價」，賺取股票的價差。但是怎麼炒作股價呢？簡單的方法就是讓營收變漂亮[58]。可是實際上的交易沒有那麼多，根本無法漂亮，這時候就得造假。

　　舉個例子，低階手機賣不出去，可是為了創造仍然有銷售的情況，把手機賣給某境外公司100萬支，這樣子帳面上就有營收了，但這家公司收下來的100萬支手機到底有沒有賣出，根本不清楚，這種

---

[58] 虛灌營收是最常見的一種美化財務報表數字的手法。公司通常會利用海外子公司、關係人、或虛設紙上公司、人頭公司等，創造出假銷貨的對象，藉由銷貨給這些公司來虛增帳列的營業收入，誘導財報閱讀者認為公司的營收良好，使其公司的募資能夠順利進行或炒作公司目前的股價。雖然與關係人之間的銷貨交易可以從財報附註得知，但是並未能瞭解銷貨的真實性。針對虛灌的營收，財報閱讀者必須特別注意公司營業收入不斷創新高之原因？營業收入或進貨是否過度集中於某些客戶、供應商或關係人？應收帳款之鉅額增加是否合理？應收帳款增加幅度是否明顯大過於營收成長率？稅後盈餘屢創新高但營運現金流量卻都是負數之原因？平均應收帳款收現天數和平均存貨銷貨天數逐年上升之原因？參照http://libsvr.sfi.org.tw/download/knowledge/證期重點專區/認識財務報告與分析應用/透視財務報表之隱藏危機.pdf。

就算是造假的一種。

刑法有所謂的無罪推定原則，當執法人員所蒐集到的證據，還無法支持法官在心證上做出有罪判決，就應該讓其無罪釋放。但是在財報分析上，這些企業經營者往往總是想要賺取自己的利潤，財報總是抹粉再抹粉，只要有些許的矛盾與可疑，就要質疑其可信度。從投資選股的角度來看，財報有問題不需要跟稽核查帳一樣，必須找出問題點出來，只需要砍掉出場即可[59]。畢竟台股 1,000 多檔股票，可投資標的這麼多，不需要執著於單一股票。

》十頭身的假財報

我常跟朋友分享分析財報的樂趣，有興趣的朋友，還會一起看財報。可是很多朋友第一時間就說：「財報可以造假，有什麼好看的。」可是這些朋友的投資行為也很矛盾，卻是靠著營收、盈餘，每年分配多少股利來決定是否投資這家公司。

所謂「趨吉避凶」，分析完一堆公司的財報之後，未必可以讓你賺錢，但是一定可以大大地減少賠錢的機會。為什麼？既然可以看到財報有造假的跡象，那不是可以避免自己投資造假的公司？

當某家公司營收虛灌，根本是塞貨給經銷商的結果，而專看營收成長、並且相信高營收就是好公司的投資者，就容易做出錯誤

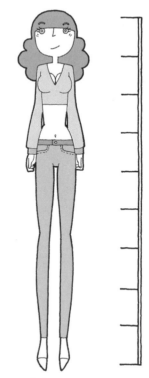

❶ 注意財報過於完美的個股！

59 黃國華，《財務自由的講堂》，第 9 頁。

的判斷；又好比喜歡看配息的殖利率派投資者，看到高股息的就去投資，殊不知根本就是借錢、增資來支付股利，絕非長遠的投資之道，而應該避開。

再加上如果知道財報造假，還可以跟新聞、公司的公告，或者是一些媒體公開談話互相勾稽比對，可以發現更多可疑與不可信的地方，將可以協助自己做出更為正確的投資。

總之，九頭身的女孩很少見，但如果看到十頭身的女孩，一定要懷疑世界上真的有「十頭身」嗎？漂亮是正常，異常漂亮可能就是不正常。假的財報如同「十頭身」女孩<u>比例異常</u>；只要抓出不正常的切入點，就可以看到造假的財報。

〈結論與建議〉

◎ 沒有完美的股票。

◎ 當你有一定的基礎，將只需要與最小的資訊共存。

◎ 善用各種資訊平台，首先請從「公開資訊觀測站」開始。

◎ 不怕美化或造假的財報，有如柯南一樣抓出怪異點，會讓股票投資多了許多樂趣。

34 思考力：培養自己判斷股票的習慣

》大腦沒有安裝「判斷股票好壞」的功能

你是否發現剛出生的小嬰兒不必教就自動會找母奶的方向吸吮；許多禽鳥剛生出來之後，母鳥幫忙把羽毛弄乾，吃飽了、喝足了，就準備學習翱翔天空；馬兒離開母親子宮，不消多久，就學會使用四隻腳站起來進行複雜的動作。為什麼剛生出來的小生命已經有應付生命需求的基本能力呢？

每種生物都有他與生俱來的本能，如果用電腦的概念來描述，當你買了一台新的電腦，就有一些基本程式可以操作，例如小算盤、小畫家、office、網路功能、Outlook Express，還有許許多多的小功能。所以，一個生命剛誕生時，就已經有許多預先設定好的軟體，以便面對人生一開始的種種挑戰[60]。

同樣的概念，我們是否天生具有投資股票的能力？

恐怕是否定的。因為這些燒在DNA中的優良程式，都是成千上萬年的演化思維所遺留下來的功能，從演化的角度，這大多是為了應付舊世界的思維模式。文化演進的速度比自然天擇的速度快許多，快到讓自然天擇趕不上生物的演變[61]。

新的世界變化太快，近幾百年來，從農業化到工業化，甚至於到今日的網路世界，舊有的大腦程式恐怕難以應付。因此，不能在沒有

---

[60] David Eaglema，《躲在我腦中的陌生人》，第 119 頁。

[61] David DiSalvo，《不失算的大腦除錯術》，第 176 頁。

學習股票投資的概念前就以為自己是投資股票的高手，必須建立新的思維模組，才能夠投資股票。

》專家，讓你不再思考

自己早期投資股票時，充滿著散戶的特徵，希望聽聽經驗老到者報明牌、聽聽第四台的老師講解股票、看看新聞上的外資分析師如何看待現在的市場趨勢，投資的效益當然非常悽慘。還有一次剛買進某檔股票，該檔股票三天後就因為出事而停止交易。

艾默理大學（Emory University）神經經濟學（Neuroeconomics）研究團隊曾研究受試者在一些情況下做決定時，若有專家在旁提出建議，大腦反應的狀況。研究者安排一位秀出專業背景的專家，對於受試者的決定從旁提出意見，結果發現受試者大多傾向於以此建議做為決策依據。本研究也對受試者的神經活動進行掃描分析，發現當有專家提出意見時，受試者的大腦神經活動並無明顯變化，只有在專家沒有提出建議時，大腦才有明顯的變化[62]。簡單來說，大腦追求快樂，如果當外在資源判斷可信度很高時，大腦就會停止思考以避免浪費資源[63]。這篇論文的標題用了「Offloads（卸載）」這個詞，意思是說當專家來了，我就可以不用大腦，直接把大腦解安裝。

試想你是否也是如此呢？當你拿著遙控器看著財經台的專家大肆評論時，是否曾經在觀賞後站起來，把屁股移到電腦桌前，開始搜尋

---

[62] New Study Finds Financial Advice Causes "Off-Loading" in the Brain，http://shared.web.emory.edu/emory/news/releases/2009/03/financial-advice-causes-off-loading-in-brain.html。論文 Expert Financial Advice Neurobiologically "Offloads" Financial Decision-Making under Risk 內容可連結 http://www.ncbi.nlm.nih.gov/pmc/articles/PMC2655712/。相關新聞可參考 Given "Expert" Advice, Brains Shut Down，http://www.wired.com/2009/03/financebrain/。

[63] David DiSalvo，《不失算的大腦除錯術》，第 193-194 頁。

這些專家取得資料的來源，以及剛剛所說的是否正確，還是聽聽就準備睡覺了？

如果是聽聽就準備睡覺，恐怕會吸收到錯誤的資訊，錯誤的資訊將會在你腦中建立錯誤處理問題的程式，對於投資的長期影響是相當恐怖。所以想要聽專家的話，就要經過確認的程序，讓燒錄在大腦的程式是正確的，雖然比較麻煩，但別忘記，大腦是喜歡安逸的，你必須要克服大腦喜歡安逸的運作方式。

早期的我，只要看到財經新聞報導某家公司營收創新高，投資專家紛紛調高目標價，通常就會啟動我的購買神經。可是當我基本分析慢慢扎根之後，學會了公司營收的真正意義，才發現營收創新高有時候是低價搶單的結果，例如飲料一打原價300元，但以超低價99元搶市，營收雖然暴增，但扣除掉成本費用後，可能沒有利潤，反而最後是賠錢收場。

許多涉及到炒作股票的公司，為了吸引民眾購買以拉升股價，都會想盡辦法用各種方式拉抬營收，創造一個榮景的假象。例如博達虛增銷貨，實際上卻是左手賣右手買，收不到實際貨款的應收帳款高達數十億元；陞技公司2003年營收異常倍增，與蕭條景氣及同業表現顯不相符，這兩家後來都出事，最後也都下市了[64]。

》名嘴，並不是專家

市面上充斥著一大堆專家，但與其說是專家不如說是名嘴。這些名嘴什麼議題都可以分析，從選舉、股票、兇殺案，甚至於是外星人事件，只要內容夠聳動，就會有人喜歡聽。

---

[64] 《35歲，為什麼還沒有被重用》，第139-144頁。這一本書為薛明玲會計師所寫，裡面提到一些發現企業問題的關鍵點，頗值得投資人參考。

　　有一位常在談話節目出沒的朋友，應該算是名嘴吧！偶爾會接到他詢問有關於科技犯罪相關事宜的電話，某一次大概是與菲律賓的相互網路攻擊事件，晚上的節目要以此為主題，但這位名嘴對於網路的知識很缺乏，趕緊找我來惡補一下。

　　第一個問題，請問什麼是 IP ？

　　IP，並不是智慧財產 Intellectual Property 的 IP，而是網路協定 Internet Protocol 的 IP。簡單來說，就是類似於網路的地址，透過這個地址，可以與提供資料的服務方向連結。舉個例子，請在瀏覽器的網址輸入列，輸入「202.39.253.11」，結果發現登入 www.hinet.net。

　　IP，在網路領域中屬於非常基礎的知識，而名嘴要在全國民眾中討論這個問題，卻連最基本的知識都不清楚，只靠臨時性地到處詢問，怎麼可能會有深入的評論？

　　請不要將「會講話的名嘴」與專家畫上等號。

》財經界的專家

　　在財經領域上又有所不同，每一位專家都會提供分析的具體理由，只是問題出在這些專家到底是不是說真話。換言之，會不會為了特定目的，而將某些資訊扭曲或者是隱藏不講，所以「專家是否可以依賴」是一個很複雜的問題。

　　讓我們來談談專家的直覺，有些專家連分析都省了，私底下也差不多

局部 ≠ 真相，
要自己去發掘，
訊息都要過濾。

是用「直覺」來投資，但並不是說不能憑直覺投資，還要評估這些專家有多少專業知識、有多少練習機會，只是即使有了充分的專業知識與練習機會，讓這些專家有了自信，但也產生了一些問題，過度自信並不是一件好事，因為專家還沒有學會直覺在什麼情境下是可靠的。

其次，我們常聽到○○證券、首席分析師喊買××股票，升評到「買進」評等，目標價為○○元。通常這些外資券商都會講些看好、看壞或中立的理由，並不是不能參考，即使資訊比較落後，可能是叫最後一批人上車，但依舊可以參考一下其觀察的實質內容[65]。

很不幸地，有些投資者看到外資券商專業的外觀，想都不想就相信了，這是一個很不好的現象。如果是光憑直覺來判斷，至少要知道過去這些外資券商、分析師到底準不準。簡單的方法是上網Google一下，會看到一些網民酸酸的評論，某位有名的外資分析師還被封為「反指標」。

只是這種評論還是很空洞，有時候資料的擷取會斷章取義。可以做一下簡單的資料庫搜尋，例如針對特定外資券商的名稱，設定半年前到一年前的期間，將這家券商建議過的股票整理起來，並與目前的股價相比較，是否真的如其所預期的價格或漲跌方向？

通常會覺得很不確定，有時候準、有時候不準，所以單憑直覺去100%相信這家券商或外資分析師，恐怕結果是會讓人失望的。因此，還是自己研究吧！券商、分析師的意見可以拿來參考，可不要拿來當真！

---

[65]《快思慢想》，第320頁。

》財經產品的名人效應

　　一位你過去經驗認為是好人的人，永遠都會是好人嗎？

　　名人代言的產品，也出現在財經產品中，只要找些投資者信賴的名人站台，自然提高不少產品的可信賴度。只是這項產品的廣告有很多值得探討的地方，例如高效率存股、免選股也能股利翻倍、不敗操作法則等廣告名詞，也請到了憲哥、股魚等股市名人，只是不清楚這些人是否屬於代言，或者只是討論產品。

來來來！大家一起來，保證賺飽飽！

　　在「存股證」的廣告照片中，這些名人一字排開地站出來，直覺上與代言有異曲同工之妙。一般投資者可能搞不太清楚商品的細部規定，只草草聽了說明就投資進去，而且有多少人是因為看到股市名人站台而投資的呢？（個人對此商品並無正面或反面之評價）

　　為何許多人會信賴特定的股市名人，而忘記要檢視產品本身？

　　心理學有所為的「<u>基本歸因謬誤</u>」（Fundamental Attribution Error），是指人類在解釋別人的行為時，往往會高估個性的重要性，而低估處境及背景的重要性[66]。舉個例子，有一項研究，兩組程度差不多的球員丟球，第一組在燈光充足的環境下丟球，成績不錯；第二組則是在燈光昏暗的環境下丟球，成績不佳；旁觀者則不管燈光亮或暗，普遍評論第一組的球技較佳。

---

[66] 《引爆趨勢》，第182頁。

　　實際上，第二組表現差是因為環境因素，但卻沒有人考量這個因素，純粹因為進球數來決定球員的評價。同樣地，如果一位你過去經驗認為優質的好人，你可能會認為他所有事情都會表現良好，例如某位男子看到你是公司採購人員而對你特別好，你就認為他是好人，對每個人都一樣好，但實際上別人都認為他很奸詐。

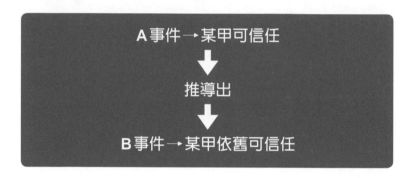

　　同樣地，某位財經名嘴如果在電視媒體上總是誠懇地提出意見，事後結果證明也都是很準確，所以相信他以後所有的事項，包括代言的產品一定可靠。可是代言的產品可能有高額的代言費，這些代言費的處境及背景，改變了他過去一貫的扎實論證，跳過很多應該對投資人的提醒，導致投資人投資失利。但實際上只要投資人稍微看一下產品的內容，就可以做出好的判斷，但卻「基本歸因謬誤」而做出了錯誤的判斷。

〈結論與建議〉

◎ 不要只聽專家的建議就購買股票，這句話並不是說不能聽專家的建議，而是說當你聽了專家的意見之後，還是要自己分析。跟單也是一樣，不要聽到周遭朋友報了一檔明牌，什麼都不研究，就先買個5張看看，這樣就會讓你掉入炒作股票者的投資陷阱中。

◎ 你的大腦並沒有安裝什麼股票分析軟體，必須要進一步學習相關知識，才能順利地因應多變的股票投資市場。

◎ 名嘴，只有娛樂的效果。

◎ 專家也有直覺，只是不知道專家的直覺在什麼情境下是可靠的。

35 | 控制力：為什麼我會一直貼著盤看？

》低價的魔鬼契約

▶ **飲料，第二杯半價，會不會吸引你買？**

很多人通常都會買，我……有時候也會買。但是這第二杯是你需要的嗎？很高的比例是「不需要」。結果喝了太多不需要的飲料，身材就走樣了。

▶ **1萬5的手機，綁約2年只要3,999元，省了約1萬1，你會買嗎？**

但如果每個月繳款要1,300元（無限上網＋電話費），而你每天上班或上學的環境都有wifi，真的需要花那麼多錢嗎？

▶ **為什麼銀行願意給你無息分期繳費**

打電話到信用卡中心詢問問題，客服人員順便問了一句：錢先生，您信用卡帳單本期112,958元，要不要分成12期的無息分期付款？

無息，怎麼這麼好，算一下好像可以省一些利息錢。但「不要錢的最貴」，考慮了0.5秒鐘，還是拒絕了客服人員的詢問，因為如果採取了分期繳款的方式，會讓短期間的繳款金額變低，反而讓自己有花了一堆錢卻好像不必繳款的錯覺，結果養成了亂花錢的習慣。當你覺得賺到了，其實正在跟魔鬼訂定契約，低價，已經改變了自己的消費習慣。魔鬼是聰明的，整體算下來，到底是你還是魔鬼得利，還不知道。

》日本人為什麼不買停車位？

還記得卡神楊小姐破解了某家銀行的漏洞大賺一筆的行為，許多網友為此提出了討論，有批評者提到一段故事：

> 有一次到日本出差，在當地工作的臺灣朋友開著車接待。很好奇地問這位朋友說：「在東京停車費不是很貴嗎？」
>
> 「倒也沒那麼嚴重啦！但是政府有規定買車的前提是要有停車位，所以車子的數量並不多。」朋友回答。
>
> 「日本停車位一定很貴，你居然這麼有錢可以買停車位？」
>
> 這位朋友劈頭就罵：「你怎麼跟日本人一樣笨！先跟別人借個停車位，等車子掛牌後再把停車位退掉，不就解決了？」
>
> 又過了幾天，來到另外一位日本朋友的家中，沒車子接送，隨著日本朋友像沙丁魚般擠在日本地鐵上，他很抱歉地說：「日本養車不容易，沒錢買停車位，讓您委屈了。」
>
> 才剛從朋友口中得知破解買車一定要停車位的方法，馬上好意向日本朋友獻計。沒想到這位日本朋友眉頭深鎖，帶著些許嚴肅的口吻：「漏洞到處都有，大家也都知道，但是實際上就是沒有停車位，讓鄰居、同事知道了，又怎麼看我這個人？」

這一段故事告訴我們，市場的遊戲中難免有漏洞，找出這些漏洞固然可以換取極大的利益，可責性好像不高，畢竟是制定遊戲的銀行業者沒有辦法發現漏洞，本身就應該為自己的疏失負責。但多年來的省思，卻發現問題沒那麼簡單。如同這個在日本開車的例子，臺灣這片土地上的大多數人，包括我，多年來為了小利，<u>而將最寶貴的「價值」丟到垃圾桶去了。</u>

這或許是國人的毛病，也或許是多年教育的累積，有了不該存在的小聰明，還沾沾自喜地四處炫耀，殊不知只是做小了自己。我現在蒐集超過200片的DVD，品質未必會比盜版好，但花錢可以維繫我應有的價值觀。

大多數的朋友為了省錢，將自己應有的價值觀都丟到垃圾桶去，可是卻沒有發現這個價值觀，才是最有價值的東西。筆者不敢說已經完全改變，但過去教育的扭曲，必須要靠自己慢慢地轉變，也希望能轉變別人。吉普賽人有小聰明，會想辦法偷遊客的東西，惡名昭彰、臭名遠播；身處在臺灣的我們，也別只有小聰明，因為找到清晰盜版影片而沾沾自喜，一樣換得不恥惡名。

這種心態會讓自己不願意扎實研究，只想要投機買股賺錢。

》為什麼我不再對發票？

以前的我一張一張將發票蒐集、摺疊好，每個月大概也有100張發票，心中存在著中個1,000萬元的幻想，但總是只中個200、400元‧偶爾來個1,000元就算祖宗保佑了。

有一天，對著這一疊的發票，突然覺得自己怎麼有個「投機」的心態讓自己對於工作與事業的心有點鬆懈，無論只是200、1,000元，或者是有機會拿到1,000萬元的獎項，這種期待感對於自我心性的影響，卻是異常深遠。

宣示自己不再接受投機性收入。不對獎，就像是破釜沉舟一樣，開始除了合理的投資之外，我將只有靠著雙手打拼的收入。

除了發票以外，樂透彩也是類似的概念，每個人都希望一夕致富，但卻不知道當自己沒有理財能力時，突然獲得一筆天外的財富，可能是災難的開始；英國一名男子卡羅爾（Michael Carroll）於91年中了974萬英鎊（約4億元臺幣）的樂透彩金，立即啟動紙醉金迷的

荒唐人生，狂辦毒趴、淫亂趴，並自豪曾與4千女嘿咻過，十年間將彩金敗光、面臨破產的困境；後來，又回頭當上了堆高車司機、考上屠宰場專業證照，目前則是木柴和煤礦場的運送工人。媒體問卡羅爾，如果再來一次會如何運用這筆樂透彩金？他會選擇每天早上6點起床繼續工作，這是過去沒有的體悟。

再舉一位美國的威力球獎得主，贏得2700萬美元彩金（約臺幣7.9億元）後，一樣是奢華人生，買超跑、私人飛機以及豪宅，還舉行奢華婚禮，揮霍無度之下，短短五年內就敗光所有彩金，不僅敗光還負債累累，最後妻離子散、流落安養院。

本書第二版改寫的時候，我稍微修正了一下內容，天外飛來的財富，包括對發票得獎的金額，也是人生收入的一部分，當你有了正確的理財觀念，也就掌握了控制意外財富的能力，對你而言就是一件喜事，而不會變成一個災難。

》賺得剛剛好又多一點

有人問說：「既然拋棄投機心態，那為何還要選擇投資股票？」這個問題似乎暗指股票投資也是一種投機行為。或許有些人買賣股票是賺差價、賭趨勢，這可以說是投機行為；但是選擇一家好的公司，買進股票，並隨著公司營運成長賺取利潤，則不算是投機性的作為。

我喜歡把投資股票講成是一種心境修練的過程。

股價的變動，會讓自己情緒起伏不斷，因為人性的貪婪，想要賺更多的慾望，風險就會增加。很多菜鳥投資者最常問的問題是「剛投資的××股票一直跌，該怎麼辦？」、「當初沒有抱緊股票，要不然早就賺了300%。」這些都是心境的考驗。

股票的獲利也是一樣，選擇符合自己個性的股票，12%是最適合修練的股票，不會太多，又足以讓複利甩尾效應明顯發生。超過這

個比例，很容易讓自己變得貪婪，<u>猛然賺很多，就會想要賺更多</u>，而讓自己跌入風險的陷阱中。賭場總是先讓你小賺一下，等你下了大注，往往會連本帶利輸光，別被賭場的計謀騙了。

》瞭解多巴胺（Dopamine）的運作

神經生物學方興未艾，在酬賞系統的相關實驗中告訴我們，人很容易受到很多訊息的誘發，透過訊息與大腦模式比對，若為正向則會釋放多巴胺，開始「啟動行為」機制，激發人類深處的渴望。

舉個例子，當你身處於零嘴隨處可得的環境，這些商人特別設計過，能刺激你釋放最大量多巴胺的食物，將使你變成一個一邊看電影，一邊不自覺地從零食袋中取出並放入口中，直到整包都吃完。但很不幸地，現在商人可是採用促銷策略，第二包六折，所以你又走到架上拿了第二包，反正電影還沒看完，難得休息一下，又吃了第二包。

我承認自己躺在沙發上看電影手中最常吃的是可樂果、鱈魚香絲，一邊看電影，一邊就把手邊的零食吃完，直到結束為止。此外，當天氣熱到爆，如果喝上幾口冰涼的可樂，喉嚨透心涼的感覺，真是難以言喻。這些過去經歷過的美好經驗，配合著各種廣告的催化，天啊！腦中多巴胺不斷釋放出來，「啟動行為」機制開始運作，我的雙腳不自覺地帶著我到便利商店，買了一堆垃圾食物回家。

這系統主要起源於蠻荒時代，確保在食物得來不易的環境中，你會因為飢餓、看到食物而產生多巴胺，進而啟動找食物的行為以維持身體能量供需，這樣子的機制可以避免人類滅絕，只是這種機制進化速度過慢，無法面對今日的世界。

這種機制在食物容易取得的環境中，將使你過度肥胖。更糟糕的是，這些外在刺激還經由商人的設計，氣味、聲音、圖像影音廣告、

免費試吃、抽抽樂等手段，讓你的大腦瘋狂地釋放多巴胺。

要避免自己的多巴胺啓動過程遭到操控，多觀察分析商人或釋放訊息的人，理解這些奸狡機詐的商人設計了什麼商業陷阱，當你看清楚一切真相，你就會啓動人類最強的迴避機制。另外，你也可以嘗試讓自己放縱一下，例如狂吃零嘴，然後觀察自己在這段期間的心理變化？獲得了什麼？又失去了什麼？透過這樣子的解析，將可以讓你更容易迴避不必要的啓動機制[67]。

》爲何忍不住看著股票數字的變動？

前面提到零嘴一直吃，沒有拿光袋裡的零食，手可是不會停的；很多人申請第四台之後，每到半夜一定要看完一部電影才勉強入睡，每天一定要反覆看著那幾乎雷同的新聞節目，反覆地轉來轉去。

股票操作者也有一樣的毛病，因為當你手中一堆股票，會發現自己只要有時間，就透過證券商提供的股票操作系統，或者是股票網站、手機的股票APP，不斷地看著自己持有股票價格的波動。

只是一直反覆地看股價的波動、全部股票價值的總合，有意義嗎？

如果你是進行很短線的操作，那當然要盯盤了，但如果是進行長線操作，盯著盤、股價漲漲跌跌，又沒有要賣，漲了也是帳面上的數字、跌了也不會讓你想要賣，何必在乎這短期漲跌的波動。

實際上，這些也都是多巴胺激發行動的結果。詹姆斯‧奧茲（James Olds）和彼得‧米爾納（Peter Milner）這兩位學者在1954年間做了一些有關老鼠的實驗，發現腦中有個酬賞中心（reward center），藉由電擊老鼠大腦中的某特定部位，發現老鼠好像很喜歡電擊，使其出現令人匪夷所思的行為：老鼠寧願持續接受電擊也不願

---

[67] 《輕鬆駕馭意志力》，第184頁。

進食，直到累倒；後來做了更激進的實驗，讓老鼠在通電柵上來回奔跑，直到老鼠的腳灼傷而無法繼續行走為止[68]。

　　不久後，杜蘭大學的希斯教授發現人類也有類似的快樂中心（pleasure center）[69]，發給受測者一個控制盒，讓他們可以自行刺激快樂中心，結果這些病人會不斷地刺激自己，即使表示很餓也不願意停下來吃東西，甚至於得知實驗者要停止實驗還會生氣。

　　你是否也有類似於老鼠或上述受測者的現象，一直不斷地重複看股票價格的變動，漲了固然高興、跌了也很痛苦，雖然你也覺得這樣子的行為沒有什麼意義，但就是很容易做到收盤。

　　這就是所謂的太貼近盤面，負面效應是很容易受到盤面波動的影響，而做出錯誤的操作行為。比如說本來是要大波段操作，但太貼近盤面的結果，卻誤以為發現規律，例如連續漲三天就會跌一天，然後又是漲三天；出手後才發現不是跌一天而是五天，只好認賠殺出，總是買在高點跌在低點，大波段沒賺到卻賠了一堆小波段。

　　該怎麼解決多巴胺激發行動的結果？

　　遠離盤面，如果這種狀況很嚴重，上班的時候，就立即把可以看盤的相關工作關掉，有點難耐的時候又剛好手頭沒有工作，可以來杯自己喜歡的咖啡，翻閱一下自己喜歡的書籍，讓自己遠離股票的刺激，以避免多巴胺再次作用。

　　如果開盤之日剛好休假，就出去走走、運動散步也不錯，享用一道美妙的早午餐，藉由閱讀洗滌自己的心靈、上網找些女（男）孩子聊天，等到收盤時再回到電腦手機的旁邊。

---

[68] 參照 OLDS & MILNER, 1954: "REWARD CENTERS" IN THE BRAIN AND LESSONS FOR MODERN NEUROSCIENCE, http://neuroblog.stanford.edu/?p=3733。

[69] In 1950, a researcher discovered the "pleasure center of the brain, giving a woman a 30 minute orgasm, http://www.zmescience.com/other/feature-post/brain-pain-center-brain-24052013/。 Pleasure Center, http://youtu.be/ef8N-Vi7rH4。

》損失趨避　貼盤操作

丹尼爾・卡尼曼（Daniel Kahneman）本來只是一位心理學家，在跨足了經濟學領域之後，發表了「<u>展望理論</u>」（Prospect Theory），並於2002年獲得了諾貝爾經濟學獎的殊榮。其理論指出：虧損帶來的心理衝擊（痛苦程度），是獲利帶來的心理衝擊（快樂程度）的2.5倍，所以人類都有「損失趨避」的心理傾向[70]。

試想一下，如果莊家跟你猜錢幣的正反面，每次100元，猜錯了莊家收走，猜對了給你150元。聽起來很划算對不對，但實驗後的受試者統計，通常會要求贏的時候能得到150至250元之間的報酬，受試者才會參與此一遊戲。這是因為人很討厭失去的感覺，失去對於人的衝擊遠大於獲得，這些都是規避損失的現象[71]。

從另外一個角度來看，人類不喜歡不確定的事物，所以電信業者推出4G吃到飽方案，即使大多數的民眾不太需要吃到飽，但因為對於未來手機費用不確定性的擔憂，所以還是會選擇吃到飽的方案。因此，如果你細看電信業者推出的資費方案，會發現眼花撩亂，因為不瞭解其中內部細節，為避免花費不確定的風險，所以採取對他未必划算的吃到飽方案[72]。

同樣地，我們往往不會深入理解這一檔股票背後企業的本質，因此產生風險感，不知道現在的價格到底是大於、等於還是小於企業的價值，由於不確定，所以常常會賣錯價格。曾經在Mobile01中看到一則蠻有趣的討論，大家在聊有關最得意與最悲情的投資，有人就戲

---

[70] 參照《別再說，我的股票又被套牢了》，http://forums.chinatimes.com.tw/tech/techforum/030309a1.htm。

[71] 《快思慢想）》，第369-373頁。

[72] Phil Barden，《行銷前必修的購物心理學》，第162頁。

稱「最得意：買到205元的大立光；最悲情：206賣出。」[73]因此，我們不要投資不確定性高的股票，像是本夢比的股票，到底夢可以有多大，欠缺確定性時人就容易操作錯誤。

　　讓我們再回到剛剛所談的「展望理論」來觀察，如果「貼盤」太近，每天看著股市沒有規律的漲跌，帳面上數字不斷地跳動，即使之前已經通過數據的計算，可以很清楚地預見1年後一定會大幅度上漲，但基於「損失趨避」的心理傾向，盤面的波動過度影響心理，終於做出不理性的決定，該賺的反而沒有賺到。既然已經透過精密的計算，內心可以很確認股票上漲的可能性，就減少看盤的頻率，縮短每天看盤的時間。例如：

> ▶ 一天看20次盤，改為一天看1次盤，接著再改為一週看2次盤、二週看1次盤。減少看盤的次數，就會發現短線的震盪意義真的不大。

> ▶ 把重要的工作安排在早上完成。

> ▶ 中午找間沒有電視的餐廳吃飯。

73　參照《來聊聊自己最悲情或最得意的投資經驗！》，http://www.mobile01.com/topicdetail.php?f=291&t=4029759&p=1。

〈結論與建議〉

◎ 低價,已經改變了自己的消費習慣。

◎ 別為了小利,而將最寶貴的「價值」丟到垃圾桶去了。

◎ 看穿多巴胺對於大腦的運作,並且控制它。

◎ 逐漸減少看盤的頻率,縮短看盤的時間,避免基於「損失趨避」的心理傾向做出不理性的決定,反而該賺的沒有賺到。

36 | 賺一點點就賣掉，賠了卻一直攤平？

》「展望理論」的真實人性

當股票價格跌破自己的成本時，你會因為便宜而繼續買進嗎？在沒有接受過任何股票投資訓練的新手，會怎麼操作？

人們在投資股票的時候容易會有一個習慣，就是當股票愈跌的時候就愈會買，這樣子的行為對錯與否並沒有一定的論斷。但是很多新手買股票就像在濃霧中駕駛，根本搞不清楚方向，所以「價格」是判斷的重要依據，一直跌就一直攤平，希望能降低成本，等到股價一翻身就可以賺，但是往往愈攤愈平，直到躺平為止，帳面上只有一堆躺平不動的股票。

為什麼新手這麼勇敢，願意在股票價格往下跌的過程中持續買進？這在老手的眼中看來，搞不清楚一檔股票的本質，卻願意往下攤平的精神，根本就是荒野冒險家。

這又必須要談到諾貝爾經濟學獎得主丹尼爾·卡尼曼（Daniel Kahneman）所提「展望理論」（Prospect Theory）的另一些論點：

► 確定效應：處於收益狀態時，多數人是風險厭惡者。
► 反射效應：處於損失狀態時，多數人是風險喜好者。
這段結論是什麼意思？讓我們繼續看下去。

》每個人都有賭一把的心態

乍看起來這些論點有點空泛，讓我來舉幾個例子，或許會更清楚此一論點：

請在以下兩個問題組合中，各選出一個選項。

【問題組合一】	A：確定贏得$250元。
	B：25％機率贏得$1000元，75％機率得到$0元。
【問題組合二】	C：確定損失$750元。
	D：75％機率損失$1000元，25％機率損失$0元。

我曾經在臉書、Line與學校課堂上詢問這個問題，實際上A、B期望值相同，都是250；C、D期望值相同，都是750，但大部分的人都會選擇A、D這兩個選項，部分的朋友選擇B、D，當然我也是選擇A、D。至於我個人為何會選擇這兩個，答案是⋯⋯不知道，但是大腦的運作結果就是挑出A、D，也就是最後推導出來的「確定效應」與「反射效應」。

這兩個問題是有關於「展望理論」相關研究所推導的結論，當人們在獲利的情況下，心態就會趨於保守；但是在虧損的情況下，又會出現賭一把的冒險心態。或許這正可以解釋買賣股票的現象，就是賺一點馬上賣，賠一點勇敢攤平。賺一點點就滿足了卻很討厭賠錢，所以股票下跌之後就容易不斷地往下攤平，但常常因此愈攤愈平，直到躺平。長期下來，就變成「賺少賠多」的狀況。

》賤珠取玉,而非勇敢攤平

一般投資者很容易買在高點,結果當股票下殺的時候,就會開始採用攤平策略,愈買愈低。這一種愈買愈低的目的,在於希望將平均成本拉低。例如宏碁(2353)如果在2010年1月買在105.5元的高點,99年1月開始下殺,100年7月已經跌破40元,102年11月最低來到14.8元才開始反彈。假設用攤平法,平均成本如下:

購買日期	張數	價格	平均成本
99年1月	1	100	100
100年3月	1	60	80
100年8月	1	35	65
102年11月	1	15	52.5

各位可以看到宏碁(2353)下殺超過80%的情況下,即使是愈買愈低,平均起來的成本依舊是很高,這種「勇敢攤平」的精神並不可取,尤其是大多數接刀子的前提是根本搞不太懂宏碁(2353)這檔股票,很多都是看到腰斬,認為比以前便宜就買了,採用相對價格法的概念。

反之,「賤珠取玉」則是搞懂了一檔股票,認為價值到了就買進,而且不再害怕股票價格下跌,甚至於還十分期待,希望在低點的時候進更多的股票,如同後面會提到的「微笑曲線」一樣,愈低愈買。如同老農夫在其《我把套牢股變搖錢樹》書中所提到的,看到的不是股票漲跌而是年年領股息,看到手中持股成本持續下降,等到零成本的時候,不再是追求能買低賣高的成功交易人,而是成為擁有一家傑出企業的大股東[74]。

---

[74] 老農夫,《我把套牢股變搖錢樹》,第40-41、61、86-87頁。

》3%的防線

賺一點馬上賣,從展望理論來看,是一個人性上的問題。假設股票真的要買,什麼時候賣呢?

有一年我買了筆電代工的A股票,從18元一直買到16元,在一直逐漸追價到24元,很多人平均價大約20元,但是到了24元就全賣光了,大約1年的時間報酬率20%,也不錯。但當時103年4月8日起,微軟宣布將要停止對於Windows XP的支援服務,緊接著104年起,Window 7也將逐步不再提供服務。屆時筆電的代工應該會逐季轉好,營收盈餘應該都會上升。

加上至少有配股1元,也就是每股配1元,1張股票1,000股則配1,000元。如果A股票的價格來到25元,假設明年還是配1元,換算成殖利率:

$$1 / 25 = 4\%$$

大約要到33元才會變成3%,殖利率3%通常就代表股價偏高了。回頭來看16元的價格,大約就是殖利率6.25%,這一檔算是大型股,這個數字算是蠻高的,如果只是因為特定因素讓股價下跌,代表審慎評估後即可以考慮投資。

所以當股價來到33元的時候,殖利率降低到接近3%的時候,通常代表股價來到了高點,因為已經與目前的定存利率高出不過2倍,這時候可以做為逢高出脫的價格。

股價	現金股息	殖利率
16	1	6.25%
20	1	5%
25	1	4%
33	1	3.03%

只是這時候隨著股價上揚，通常是因為獲利變好，假設預測股息是1.5元，如右表，就會發現殖利率不一樣：

股價	現金股息	殖利率
16	1.5	9.38%
20	1.5	7.5%
25	1.5	6%
33	1.5	4.55%
50	1.5	3%

所以，假設股票價格來到33元，現金股息1.5元，殖利率還有4.55%；要到50元，殖利率才會來到3%，如果還能一直預期成長，則可能會持續走高，像是股王、股后，通常都會發現若以去年的股息與現在的股價對照，殖利率大多低於3%。

只是一般循環景氣型的股票，就不能這樣子觀察，可能適用於平均現金股息比較好，也就是計算出過去五年或十年的平均配息，或者是算出過去五年或十年的平均股價，作為何時是這一檔股票高點的判斷依據。

》你是賭徒嗎？

你是否有這種現象？

早期的我確實如此，會選擇A、D，股票投資也是賺一點就跑、賠了也喜歡往下攤平。所以個人對於丹尼爾‧卡尼曼（Daniel Kahneman）的實驗結論頗感興趣，因為實驗的結果確實呈現出人的本性。

從我的朋友回應中，發現蠻多人選擇B、D，我通常都戲稱為賭徒個性，但大多是沒有經過股票投資的洗禮。如果有投資股票的朋友，發現蠻多人選擇有確定感的A、C，這應該是受到「停損」概念

的影響，以C來說，當發生損失的時候，就不要再硬凹下去，設定停損點、重新再出發。

常見類型	個人評析
A、D	最常見
B、D	賭徒個性，通常發生在無或很少股票投資經驗
A、C	通常是具有較多的投資經驗，受到停損觀念的影響

有沒有發現上面少了B、C的選項，這一個選項該如何評價？有點特殊，所以原本並沒有放進去，後來在某一次理財幼幼班的課程中，知名的權證老師王奕辰也捧場旁聽，她就是選擇了B、C的選項，也就是下列組合：

▶ B：25%機率贏得$1,000元，75%機率得到$0元。

▶ C：確定損失$750元。

應該說是少數能控制自己、理性停損的投資家，又具有與一般人獲利變成保守的相反個性，是一種勇於追求更高報酬的夢想家。

＜結論與建議＞

◎ 處於收益狀態時，多數人是風險厭惡者；處於損失狀態時，多數人是風險喜好者。

◎ 避免賺一點馬上賣，賠一點勇敢攤平的投資行為。

37 眼光看遠一點，可以賺更多

》不是只為了眼前的演講費

演講界也有很多專家不在乎演講費，就跟臉書大多數的功能不收費一樣。為什麼臉書上大多數的功能都是免費？因為臉書想要的是使用者的資料。臉書的用戶並不是「消費者」，反而是臉書的一種「產品」，整合這些臉書使用者的資料，可以賣給企業，讓企業在經營粉絲團的時候，願意付費給臉書整理過後的目標消費者，能針對這些使用者進行目標行銷。

圖片來源：臉書粉絲專頁畫面

重視拓展人脈關係的演講者，對於在外面演講這件事情，他想要的只是演講機會，讓自己有許多機會能被更多機關、專家認識，增加自己的知名度，或者是增加自己的資歷，像是金凱瑞（Jim Carrey）

在愛荷華州瑪赫西管理大學（MUM）畢業典禮上致詞，或者是馬雲在史坦福大學的演講，重點絕對不在那演講費。至於一場演講的費用多少，只是一個「禮數」，金額並不重要。

況且，這類型的演講者，就算一年100場，每場3,000元，也不過才30萬元的收入，如果年收入60萬元的演講者，此金額就佔了50%，比重很高；但如果是240萬元的年收入，只佔年收入12.5%，也不能怪他們打壞行情，因為真的不是要演講費。爭取自己的曝光度、知名度、建立專業的形象，以及透過分享獲得反饋才是主要的目的。

》股票不賣，可以賺錢嗎？

很多學生會問我一個問題：老師，你股票不賣，要怎麼賺錢？

有時候感覺這類的問題還真不好回答，但既然目標是成為一位優秀老師，就要好好地認真面對學生的問題。

首先聲明的是，我不是不賣，只是很少交易。

假想一下，你養了一隻母雞，剛買進來的時候還蠻便宜的，過一陣子，好不容易把雞養大了，母雞開始生蛋，這時候市場的肉雞價格還不錯，可以馬上讓你的口袋飽飽，你會如何選擇？

⑴把雞賣掉，領到一筆豐厚的利潤。

⑵還是等著雞生蛋，雖然賺得比較慢，沒辦法讓你現在口袋飽飽，但只要母雞不出狀況，就可以有穩定的一些小額收入。

當講到這邊，學生通常懂了我要表達的意思，但仍不知如何選擇而困擾。這也沒什麼對或錯，有些人喜歡賺取價差，但賺取差價雖然可以即時取得大筆財富，但如同殺雞取卵一樣，領了就沒有了。我個人比較喜歡定期自動進入口袋的被動式收入，因為這種<u>被動式收入雖然慢，但如果穩定長期，是可以傳承後世的</u>。

》爲什麼很多人喜歡眼前的利益？

這倒是一個值得探究的問題。如果能解決問題的根源，應該就可以找到避免的方法，於是我又去瘋狂地找了一些書籍，希望能尋獲一個答案。順帶一提的是，平常養成大量閱讀的習慣，當問題出現的時候，你就能夠馬上知道哪一本書有你想要的答案。

突然看到了一個心理學實驗的例子，倘若現在給你100元，或一個禮拜以後給你110元，你會選擇哪一種？ 受試者大多選擇當場拿100元。 如果問題改變一下，52週後給你100元，或者是53週後給你110元，又會選擇哪一種？受試結果發現很多民眾願意多等一個星期來多賺10元。[75]

這兩個實驗為何會讓一週這個概念差距這麼大？

簡單來說，前者是現在與未來相比，後者則是未來與未來相比。

追求眼前的滿足，會讓大腦中處理衝動行為的區域產生高度活化的現象。換言之，人是一種及時行樂的動物，但享受現在的歡樂，可能會讓未來遭受到痛苦，這就需要一般所謂的克制力來約束行為。

厲害的商人知道這個道理，低頭期款、或者是前幾期只要支付超低利息，輕易地啟動消費者腦中的及時行樂衝動區，促使消費者馬上下手購買，卻不考量未來第二年、第三年利率可能會大幅度調高所帶來的風險。

這就像是與魔鬼交易一樣。如同電影「迴路殺手」，描述一位時光殺手與雇主簽訂的契約中會加上一個條款：當雇主想要與你結束殺

---

[75] 早期類似的實驗，最知名的就是所謂的棉花糖實驗。實驗者找來一些小孩子，給小朋友最愛吃的棉花糖一顆，然後跟小朋友說：我會離開一下子，如果在我回來的時候，你還沒有吃掉這個棉花糖，我就再多給你另外一個棉花糖。
這個實驗也是現在與未來的一個實驗，到底是要及時行樂，還是克制自己享受未來。
Very tempting Marshmallow test：http://youtu.be/x3S0xS2hdi4

手契約關係，會將未來的你蒙面送到過去的你，讓過去的你殺掉未來的自己，就能夠獲取大量金錢，奢華享受三十年。三十年一到，魔鬼雇主用時光機把你送回三十年的自己面前，讓三十年前的你殺掉自己。

為什麼你會簽訂這種魔鬼契約？ 因為及時行樂遠比未來的風險還要讓你頭昏。

》借用別人對付自己

我個人從年輕的時候買了很多儲蓄險，這種儲蓄險的報酬率很不好，平平淡淡的沒什麼味道，很多人不太能認同買這麼多儲蓄險的理財方式。這樣子的質疑確實很正常，但如果時光重來，現在的我是否還贊成當時購買儲蓄險？

答案依舊是會買儲蓄險。

因為年輕時的自己考量到生命還很漫長，容易追求及時行樂，反正沒錢再賺就好。另外，當時的投資技巧也很差，大多是聽明牌投資、或是憑直覺投資，連投資的股票是做什麼都搞不清楚，賠錢的機率超高。

所以，透過儲蓄險的方式，把賺來的錢都鎖住，也許不會成長，但至少不會因為亂花錢、亂投資而不見。況且儲蓄險的設計，如果期限沒到想要領回，通常會被扣除一些金額，考量扣除的金額，也就不會想要把錢領回來。這也很像是狼人知道晚上會變身，快到晚上的時候就把自己用鐵鍊綁起來，是一樣的道理。

> 如果大腦無法控制自己，就用外來的機制控制自己！

》微笑曲線

微笑曲線[76]，是一種痛苦的修練過程。因為在股票價格逐漸降低的時候，你會懷疑這檔股票真的是理想中會賺錢的股票嗎？明明計算出來「價格＜價值」，為何還會一直跌？如果現在不賣掉，會不會虧損愈來愈大？

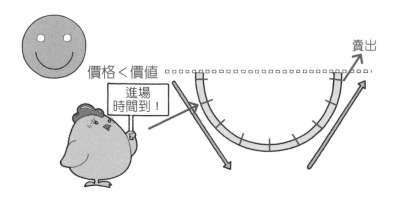

假設在確認是一檔好股票的前提下，而且價格已經遠低於應有的價值時，一般投資者看到股票不斷下跌，心中確實會產生很多質疑，常見的決定是把股票賣掉，殺在低點，避免了人性愈攤愈平的問題，比較好聽的講法是「有紀律的停損」。

只是，既然你已經判斷出這是一檔好的股票，深知其實際價值，你也知道內心會出現「損失趨避」的現象，理性的大腦就應該開始運作，要求大腦執行系統二理性判斷，且有數據與相關分析為依據的結果，才能夠享受微笑曲線的後半段果實。

股票市場的價格受到多重因素的影響，市場上有著理性與不理性

---

76 微笑曲線代表著愈往下跌要買愈多，但如果能掌握人性、泡沫破裂的趨勢，當大家愈恐懼而跌到更深的微笑曲線底部時，可以建立更低成本的持有部位，未來微笑反彈時可以享受更高的獲利。（請參考《圖解理財幼幼班3：災難投資法》）

的操作者,所以要能夠很準確地判斷出一定的價格,那簡直就是相當高難度的事情。即便有了,恐怕大多數是偶然的機率現象,或者是屬於系統架構下的必然結果。既然很難精準抓到股票價格的變化,有時候忍受一下股票下跌的趨勢,配合著「定期不定額」的操作策略,愈低價格買愈多,也就變成投資過程中的必然修練,如同黎明前的黑暗,若無法忍受帳面上的損失,怎麼能得到辛苦耕種後的果實?

> 追漲,充滿喜悅。怎麼買怎麼賺的感覺～
> 買跌,刀割難耐。等得春燕來的寒冬～

〈 結 論 與 建 議 〉

◎ 不要斤斤計較眼前的利益。

◎ 如果大腦無法控制自己,就用外來的機制控制自己!

◎ 微笑曲線,是一種痛苦的修練過程。

38 | 挑選股票，有如挑選配偶

》挑選女（男）人，你會先看哪裡？

你看女（男）人的第一眼，會看對方的腿、臉蛋、眼睛，還是身材？

如果你看過吳宗憲的綜藝節目，他曾經說過會先看眼睛。為什麼？因為如果她（他）沒看你，你愛看哪裡就看哪裡。

當然，這是開玩笑的回答。有人會先看眼睛，眼睛的神色可以代表這個人的精氣神；有人則喜歡臉蛋，長得漂亮才考慮；有人則喜歡身材，覺得雖然長得漂亮，但沒有身材，那根本不考慮，所以把身材的選項往前，先看身材，再看其他因素。

至於我呢？則是先看小腿。因為從小腿的曲線中可以看出這個人的心智成熟度，除非是天生遺傳，否則年齡只要過了28歲，小腿沒有鍛鍊過，線條就是不對。如果超過了28歲，小腿的線條很好，代表著這位女孩有持之以恆的鍛鍊。

挑選股票也是一樣，你會先看營收、毛利率、資產總值、殖利率，還是哪幾個項目的組合？

早期的我蠻喜歡先看殖利率的，因為和定存率相比較，如果低於定存率的2倍，那乾脆定存算了，風險還比較低。殖利率的概念不難理解，簡單來說，殖利率的公式如下：

殖利率 ＝ 每股股利 / 收盤價 ×100%

殖利率是否愈高愈好？

後面有提到一些當初我怎麼篩選殖利率的SOP。但是殖利率太高，如果是大盤維持在7,000點以下的相對低檔區，因為收盤價通常比較低，股利如果維持不變，那殖利率當然會變高。[77]

每股股利	大盤指數	收盤價	殖利率
3元	9,000	100	3%
3元	4,500	50	6%

但是如果大盤來到高檔，殖利率還是很高，通常要非常小心，因為可能不是撿到寶，反而有可能撿到地雷。在上列公式中的股利部分，通常是以上一年度的資料來計算，而現在的股價很低，代表市場上認為即使上一年度的股利很高，也不願意買進，有可能是營收不斷破底，今年賺得錢無法支持上一年度所配發的股利水準，所以股價翻低。當然也可以搭配本益比判斷，其公式為「股價／近四季EPS」，資料比較貼近現況。

》找出適合自己的篩選SOP

有時候要等到好股票跌到低價區，可以找一些殖利率高，但又不會太高的股票，通常過高的殖利率，可能代表市場不看好、財報不漂亮。

---

[77] 並不一定是大盤指數愈高，所有的股票價格都會變高。即使大盤指數不斷創新高，還是有很多股票不斷地破底。

舉個例子：

步驟1：請先到臺灣證券交易所（http://www.twse.com.tw/）

步驟2：交易資訊→盤後資訊→個股日本益比、殖利率及股價淨值比（依日期查詢）

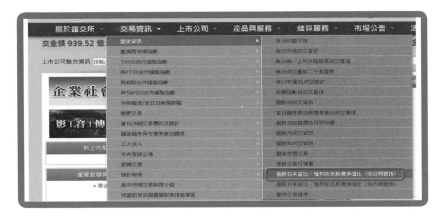

步驟3：挑選殖利率7.5%-9%的股票。這裡所提供的殖利率數據，其計算方式為：殖利率＝每股股利／收盤價×100%，其中每股股利採用該公司近期每股配發之盈餘分配之現金股利（元/股）。（可視情況調整，通常會有15檔股票）

另存成CSV，以EXCEL開啟，再轉存成EXCEL的一般檔案格式（.xls）。

	A	B	C	D	E	F
1						
2	103年08月26日 個股日本益比、殖利率及股價淨值比（依證券代碼排序查詢）					
3	證券代號	證券名稱	本益比	殖利率(%)	股價淨值比	
4	1101	台泥	16.19	4.75	1.66	
5	1102	亞泥	17.29	4.61	1.09	
6	1103	嘉泥	8.07	6.56	0.58	
7	1104	環泥	13.83	3.74	1.22	
8	1108	幸福	12.94	4.9	0.84	

再將殖利率欄位排序，留下所需要的範圍，例如殖利率是7.5%-8.0%的股票。

62	4306	炎洲	37.66	8.02	1.04
63	3090	日電貿	10.65	7.94	1.58
64	2548	華固	-	7.82	1.77
65	2404	漢唐	6.79	7.8	1.39
66	2890	永豐金	11.14	7.76	1.07
67	2537	聯上發	9.35	7.69	0.9
68	5234	達興	12.03	7.68	2.36
69	1337	F-再生	6.93	7.67	1
70	6155	鈞寶	19.52	7.64	1.31
71	1451	年興	13.13	7.62	1.06
72	2376	技嘉	10.1	7.41	1.21

步驟4：從財報面篩選掉不適宜的股票

例如華固因為盈轉虧，所以沒有本益比的數據，剃除掉；鈞寶的本益比超過15，剔除掉；日電貿、達興股價淨值比都超過1.5，也剔除掉；F-再生因為屬於F股，所以也剔除；個人不投資金融股，所以永豐金也剔除。

證券代號	證券名稱	本益比	殖利率(%)	股價淨值比
2404	漢唐	6.79	7.8	1.39
2537	聯上發	9.35	7.69	0.9
1451	年興	13.13	7.62	1.06

剩下三檔後，再透過其他財務分析進行比較。

步驟5：檢視新聞、公告事項、公司相關報導、年報、部落客分析、籌碼分析、技術分析

最後決定所投資的這些股票，是否屬於有值得投資的「黃金」。

不管是先過濾何種因素，就好比是選女友一樣，有人會先選擇年齡，超過30歲的不考慮，但就失去了選擇林志玲的機會；有人喜歡先看小腿，小腿太粗的都不考慮；有人喜歡從膚色來看，太黑的不考慮。

股票也是一樣，以上只是從殖利率較高的範圍內挑選股票，有可能是股價有價值但是卻被市場忽略，在這些垃圾堆中找黃金，可以有很多驚喜；但也可能真的是垃圾等級的股票，裡面有不為人知的秘密，所以股價才特別低、殖利率才特別高。貿然投資，恐怕是一場悲劇的開始。

》存股族常見的篩選指標，好嗎？

因為工作的關係，我過去的研究大多是如何組合不同的因素。可以預先找到一些被炒作或有內線交易之餘的因子組合，或許可以稱之為「暗黑負向指標」，例示幾個觀察因子[78]：

▶ 董、監事與財務主管有多人辭職

▶ 經常更換查帳會計師

▶ 海外投資複雜

▶ 控制股東持股比率持續下降

▶ 營收與應收帳款或其他財務數字呈現異常

▶ 融資使用率過高

▶ 質押比過高

---

[78] 葉銀華曾提出地雷公司的10大警訊，其中針對控制股東持股比率持續下降。以博達為例，董事長葉素菲姊弟89年3月時的持股比率為15.48%，隔年為13%，92年4月為10.3%，93年4月剩下7.8%。

至於好股票組合，部落客巴曉智曾提出「好股票組合」，其具體內容如下：

▶ 上市櫃滿 7 年以上

▶ 股本 > 50 億元

▶ 董監事持股比 > 20%

▶ 董監事質押比 < 33%

▶ 每股淨值 > 15 元

▶ 負債比 < 50%

▶ 股價 >10 元

▶ ROE > 15%

▶ 再投率 < 80%

▶ 配發穩定的現金股息

上述組合，如果套用到選女婿的標準，就是出社會一段時間，有一定的資產，用自己的錢進行投資，有房貸但金額不高，每年淨資產成長情況不錯，每年都可以存下一些錢的忠厚老實型男子。

市場上也有許多存股族提出許多類似的篩選方法，只是這種篩選方法比較偏重於形式上的表徵，像是最後一個「配發穩定的現金股息」，我在分析近 50 檔穩定配發現金股息股票的「現金流量表」，發現有極高的比例是靠著借錢來配現金股息，從上面這些篩選條件並無法發現。

因此，我個人都是先以自己專有的 17 項「暗黑負向指標」，先篩選掉異常的股票，像是 KY 股票不碰，有發行過 CB 的原則上也不接觸，接著再去看營收、獲利等正向指標，與大多數投資朋友只看正向指標的選股模式並不相同。

39 | 等待力：
慢慢來才會完美

》雪中送炭的投資效益

> 人，最不能忘記的，是在困難時拉你一把的人；
> 最不能結交的，是在失敗時藐視你的人；
> 最不能相信的，是在成功時吹捧你的人；
> 最不能拋棄的，是和你同創業共患難的人；
> 最不能愛的，是不看重你人格的人。

這是一段網路上分享的話。換言之，當別人失意時，打個電話安慰一下、或送罐茶葉上門，都會讓人感到無比地窩心。如果從經濟分析的角度來看，小小的成本效益卻無限大，能讓對方把你視為知己。

吳起，戰國時期著名的軍事將領，非常照顧自己的士兵，也深受擁戴。有一次士兵身上長了顆膿瘡，吳起得知此事，親自為其將膿瘡吸出。光想到這一幕，就夠讓人噁心，但這樣子的舉動卻感動了這名士兵以及其他人。

這名士兵的母親得知此事，眼淚流了下來。旁人問其為何流淚？母親回答說：以前吳起也為其丈夫吸出膿

將軍大人居然為了我們這些小兵做這樣的事情，我們一定要捨身相報！

瘡，其丈夫受此行為感動，在戰場上奮勇殺敵而陣亡，現在換成兒子，恐怕也有相同的結果。

　　一個簡單的吸取膿瘡的動作，換取士兵願意為其犧牲生命，從成本效益來分析是非常划算的結果。但如果是為皇上吸取膿瘡，皇上只會認為理所當然，頂多賞賜一些錢財或口頭上的鼓勵，想要有其他回報，門都沒有，替皇上吸取膿瘡的成本效益，恐怕不高。

》如何等到低價的股票

　　看過一本書《股市天才心得》寫到：「<u>非常規領域，將能讓你避開與市場專業投資人競爭的窘境。</u>」

　　通常你就是在等那特定的幾檔，好死不死，因為散戶只認識幾檔熱門的股票，像是近期的鴻海（2317）、和碩（4938）、台塑四寶，熱門的定存股中華電（2412），但是既然是熱門，只要價格稍低就會有人進場，除非等到重大股災，才可能有美味的價格，否則很難等到低的好股價。

　　如下圖，中華電（2412）的月線，在2008年10月時的最低點來到45.6元：

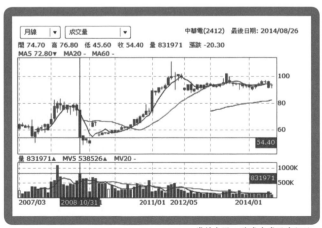

資料來源：雅虎奇摩股市網站

這就像是知名的演藝、政治人物，頭頂有著耀眼的光環，家中、辦公室總是人聲鼎沸，你想要求見一下都很困難。但是一旦人氣大減、家道中落，或者是不幸下台，往往是地板上掉了一根針都會聽到的寧靜。

聽說知名電動車產銷公司特斯拉剛起步時，想要找鴻海公司合作，但總是不得其門而入，直到突然特斯拉開發出來的車子成為投資市場中的寵兒，鴻海公司才趕緊回頭與特斯拉合作。熱門的股票就是這種道理，股價一直都是居高不下，要等待一個漂亮的價格真的是很磨耐性。

這時候該怎麼辦？

建議可以列出一些好股票的清單，假設30檔股票，決定出好股票的便宜價格，當股票跌入便宜價格的時候，就可以觀察這檔股票是真的變爛了，還是只是被市場不理性錯殺，或者是這檔股票正在轉骨、調整體質，就是一個很棒的切入點。

多設定幾檔股票，每年總會等到一兩檔，如果跌得夠低，價格差距因素所產生的「安全邊際」，可以讓你比較放心的投資。但是還是要不斷地檢視資料再三確認，避免碰到難以翻身的爛股票。

不過，也不一定要等到價格真的跌到不能再跌，畢竟機率不是很高，知名理財專家老農夫有提出不同的想法，在其著作《我把套牢股變搖錢樹》中引用巴菲特的經驗「用合理價買好公司，比便宜價買普通公司好」，其主要是強調透過長時間分批購買好的股票，甚至於比在有安全邊際的合理價格買股票，是更棒的做法[79]。

---

[79] 不同的個性會有不同的操作心得，老農夫的做法必須有長時間的修練，一般投資客大多想要快賺快賺，與老農夫強調「慢穩忍買、慢買慢賣、最好不賣」的修練功夫，還差距甚遠。參照老農夫，《我把套牢股變搖錢樹》，第215-217頁。

》用心於不交易

確認自己持有的股票是優質的，並且定期進行健康檢查，並且尚未超過自己設定的昂貴價格，則要開始進行高段修練——「用心於不交易」。

當股票上漲又下跌的時候，例如25元漲到29元，接著下跌到27元，心裡面會出現一種聲音，我怎麼沒有在29元時賣出，再在27元買進，這樣子一樣持有相同數量的股票，但是卻可以多賺2元。

結果又漲到31元，然後跌到29元，如果依舊縮手不動，心裡依舊會出現一種聲音，我怎麼沒有在31元時賣出，再在29元買進，可以多賺2元。此外，有時候如果有一種可能是模式的模式出堄，例如「漲漲跌、漲漲跌⋯⋯」，心中還會出現一種聲音，下次一定要在第二次上漲時賣出，等到下跌再買進。

只是很奇妙的事情總是會發生，當你以為是「漲漲跌」的時候，卻可能是「漲漲漲漲漲⋯⋯漲不停再來一個小跌」，或者是當你跌的時候買，卻可能是「漲漲跌跌跌⋯⋯」，原本以為存在的模式又不見了。

好的股票必然會慢慢地呈現出它的價值，就如同好女人一樣，可不要隨便地換人啊！

〈 結 論 與 建 議 〉

◎ 找到屬於自己的投資交易方法。
◎ 像狙擊手一樣地耐心等待低點的出現。
◎ 頻繁交易，只會讓你賺更少，失去持有好股票的機會，而不會讓你獲得預期的利潤。

40 | 微觀察力：
微表情的觀察

》老闆的話準不準？

初學者比較喜歡分析的都是數據，所以有一門課稱之為「財務分析」，專門針對財報數字進行更深度的解析。除了財報、年報等公開資訊外，其他部分卻常常為人所忽略，主要的原因應該是這些部分比較難進行解析。

例如某家企業老闆對於未來經濟或公司營運的展望，在媒體前或者是法人說明會，暢談自己的看法。如果這位老闆說下半年業績暢旺，你是否要相信他的聲明而出手購買這家公司的股票，判斷的原因假設有下面三種：

- ▶ 沉穩的外表
- ▶ 帥勁的打扮
- ▶ 歷史上可靠的推測

沉穩的外表　帥勁的打扮　歷史上可靠的推測

理性的你答案應該要選第三個「歷史上可靠的推測」。

問題是你往往必須要等到下半季到了，甚至於結束之後，公司公布月報、季報，甚至於是年報，才能知悉其準確度。但是更慘的情況是，當過了半年之後，你也忘了之前這家公司老闆曾經說過的預期，就算想要蒐集，自己觀察的股票又太多，資訊像浪潮一樣席捲而來。這種情況不斷發生在初學者身上，也少了一個重要的指標：老闆預測準確度。尤其是大型金融海嘯經過時，還能夠講實話、準確預估的老闆，當他再次發言的時候就要仔細聽。但是，也有些老闆應該是一直講實話，但都很不準，那也不是誠信的問題，而是智慧的問題。

》開始蒐集準確度的資料

當你慢慢地將持股集中，就要開始蒐集這家公司的重點訊息，例如這一檔股票的老闆在什麼時候講過什麼話，包括記錄老闆提到的預測數字、前景展望，最好還註記一下他講話時的背景，因為公司遭逢特定事件，這位老闆出來講話可能是為了降低股價負面影響。

資料來源，首先最常接觸的就是新聞，包含無線有線電視、網路新聞、雜誌等，為了怕紀錄不完整，讓事後有機會回溯出原始資料，請記下下列資訊：

> ▶ 網址或電台
> ▶ 新聞標題
> ▶ 時間

如果更進一步可以記下下列內容：

> ▶ 撰寫新聞的記者
> ▶ 新聞關鍵字

個人的做法是選定特定股票之後，會先用 UDN 的新聞資料庫，各位也可以在學校圖書館或者是國家圖書館找到類似的新聞相關資源。蒐集的範圍，先蒐集前一年的重點新聞，期程不要太久，因為太久的資料恐怕會做不完，讓自己的大腦放棄。

接著，可以到一些相關財經網站蒐集相關資料，例如 goodinfo. tw 的個股新聞功能，其介面還蠻好用的。此外，像是「公開資訊觀測站」[80]，也可以找尋個股的公告、重大訊息，其中還有「證券暨期貨市場影音傳播網」[81]。

---

[80] 參考 http://mops.twse.com.tw/，這一個網站有許多關於如何使用的影片說明介紹檔。

[81] 參考 http://webpro.twse.com.tw/，還可以看到重大訊息記者會、業績發表等影音資訊。

最後將過去的資訊與結果相比較，無論是準確或不準確的結果，都必須要深究準確或不準確的成因，例如仁寶公司預期下半年筆電銷量成長20%，結果下半年暴增為10%，為何會有10%的落差，是因為老闆「膨風灌水」，還是因為有特定產業因素的介入，像是新產品打擊到筆電市場，讓筆電銷量不如預期。

》在金融海嘯時裁員的企業

網路上曾看到一段影片「好的領導者，會讓你感到有安全感」，由知名演說家賽門・西奈克（Simon Sinek）在TED中所發表，裡面提到有關於裁員的議題，認為一位好的領導者坐領高薪並不是問題的癥結，問題的癥結應該是其是否將員工視為共同扶助的對象、是否願意用生命相挺，而不是在金融海嘯中立即將員工裁員[82]，在這段影片中提到NEXT JUMP公司所採行的「無裁員政策」（NO FIRE POLICY），也就是所謂的終身聘雇制。這與許多公司相反，員工並不會因為表現不佳而被裁員，而會受到指導與幫助[83]。

另外，西奈克（Simon Sinek）也提到另外一家公司在2008年金融海嘯受到衝擊時一樣拒絕裁員，但是採取任何員工包含他自己均放無薪假的策略，不要讓痛苦由少數人承擔，而是由所有員工共同分擔；這一項決定激勵了員工士氣，甚至於員工還會私底下互換無薪假，讓有需要工作的人放比較短的時間，而經濟上許可的人則交換比較長的無薪假[84]。

---

[82] 參見 http://youtu.be/dgatEBVMAQo。這段影片讓人感動之處，是很多在槍林彈雨中無畏自己生命安全受到威脅的勇士，救出許許多多受困在戰場中的同袍，賽門・西奈克(Simon Sinek) 曾詢問他們為何如此做，這些戰場上的勇士回答很一致：「因為我相信如果我自己受困在戰場上，他們也會做同樣的事。」低著頭反思，在我們生活的環境中，有誰願意為我犧牲生命？或者換個角度想，有誰值得讓我們犧牲生命？

[83] 參見 http://youtu.be/ix_5hdDDv-I。

[84] 參見 http://tedsummaries.com/2014/07/09/simon-sinek-why-good-leaders-make-you-feel-safe/。

　　從「社會交換」理論的觀點來看，人們相信自己發生一些狀況的時候，公司會挺身出來保護我們，像是生病時老闆一樣會給付薪水；金融危機時，老闆就會安撫員工、依舊能保有工作。若是<u>企業凡事向成本看齊，將會從社會交換轉換成為「市場交換」</u>，也就是談到了錢，以裁員做為降低成本的手段，這時候員工會排斥責任制，員工也不會充滿熱情地投入工作。很不幸地，社會交換與市場交換的方式不可能同時存在，而且當社會交換轉換成市場交換後，很難再轉換成社會交換的企業文化[85]。

　　我曾經做過一項簡單的調查，針對2009年底到2012年底的新聞進行分析，範圍是電子產業有進行「裁員或類似裁員」行為的企業股價走勢。主要的假設如下：

> ▶ 寒冬之中若能力挺向前、不重視短期利益，也代表經營者的眼界，股價通常會上漲。

> ▶ 寒冬之中只重視降低成本、未能把握機會者，面臨失敗的可能性較高，股價通常會下跌。

　　結果發現，出現「未裁員」新聞消息的企業中，3家上揚（台積電、全國、華碩），3家接近持平（廣達、台達電、台揚），3家下跌（仁寶、力成、智冠），因此無法做為判斷走勢依據。

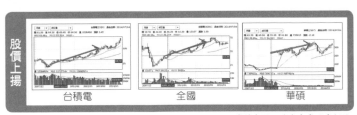

▼ 未裁員公司

股價上揚　台積電　全國　華碩

資料來源：雅虎奇摩股市網站

---

[85] Dan Ariely，《誰說人是理性的》，第121-123頁。

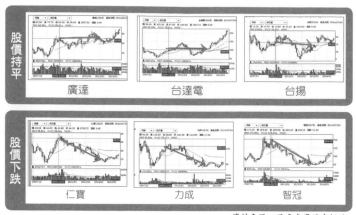

資料來源：雅虎奇摩股市網站

　　但是，在出現「裁員」新聞消息的企業中除了1家被併購（奇美電）、僅1家上揚（威盛），1家持平（燦坤），甚至於有2家下市（力晶、茂德）。換言之，確實有下跌的情況比例者高達80%。若有裁員消息，一定期間內（本研究為三年），不建議投資。

▼ 裁員公司

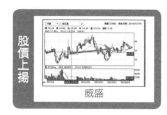

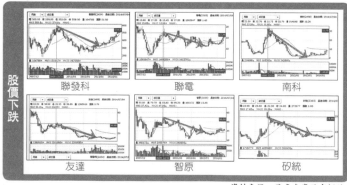

資料來源：雅虎奇摩股市網站

》微表情的知識與技巧

一開始瞭解微表情，是從電視劇「Lie to me」（謊言終結者）得知。這是一部描述心理學的美國電視劇，2009年1月21日於福斯電視網首播。劇中主角卡爾‧萊特曼博士（Dr. Cal Lightman）和姬蓮‧佛斯特博士（Dr. Gillian Foster）利用「臉部動作編碼系統（Facial Action Coding System）」接受客戶的要求，分析被觀察者的微表情與肢體語言，並分析被觀測者是否撒謊。

此一概念最早由美國心理學家保羅‧埃克曼（Paul Ekman）在1969年提出。其為美國知名心理學家，是研究情緒與面部表情的先驅，在其發表的面部動作編碼系統中，將人的臉部肌肉分成43塊，可以組合出1萬多種表情，其中3千種具有情感意義。

但戲劇畢竟還是戲劇，「Lie to me」（謊言終結者）在缺乏突破性的劇情後無疾而終，只是這個研究議題依舊有其發展的空間，像是調查犯罪、企業內保密調查都很有幫助。舉例來說，當自己對於專業議題沒有信心的時候，會在講話前不自主地看一下專業人士，等獲得認同後才繼續講下去。

前行政院秘書長林益世先生收取特定廠商金錢案，案件剛爆發時，曾與律師召開說明會，當他講到一些關鍵問題時，還特別看了左側的律師一眼，這一個動作讓我覺得他可能所言不實或有所保留[86]。

從潛意識的角度來看，認為有些臉部肌肉會受到潛意識的控制，

---

86 相關影片請參照「林益世7度喊冤 沒收賄 馬英九要他請辭 他拒絕」，http://youtu.be/vHcke03GpDQ。

根本不是我們能夠控制的。由於臉部肌肉是很精密，因此真正的表情是假裝不來，例如假笑跟真笑的幅度就差很多。攝影師要拍攝團體照的時候，通常都會請大家喊ABC，C代表會露出笑臉，但除非當時你真的很高興，否則笑容看起來就會不太真實。部分的笑容，並不需要意識分析，都可以立即辨識不同表情的細微差別。所以，即使有演員、政客、壞人可以揣摩實際的情緒，做出假的感情表現以騙取他人的支持與認同，但一定還會有可以發現其中破綻的枝微末節處，這也是微表情的有趣的地方。

在股票投資議題上，很多上市櫃公司的負責人很愛上電視發表評論，尤其是發生重大事件的訊息說明會，更可以藉微表情協助下判斷真假。例如曾經有某一家面板廠商遭到美國反壟斷調查，其堅持不認罪，最後美國法院判決裁罰高額罰金，相關主管遭判重刑。召開訊息說明會時，負責人公開發表不認罪言論時，看了一下左方的法務長一眼，這個動作代表對於是否違反的不確定性，而必須看著專業的法務長正面回饋的眼神才能繼續講下去，並表示將持續上訴。

美國司法實務與我國並不一樣，我國是一審重判、二審輕判，三審可能沒事回家吃豬腳麵線，只要上訴就很有機會。但美國司法實務不太一樣，上訴翻盤的機率不高，因此當時我立即出清手頭上持有的一些面板股票。

接著該檔股票在某一段時間內持續下跌。

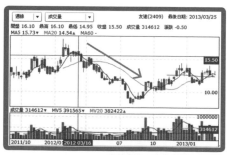

資料來源：雅虎奇摩股市網站

有關如何從微表情協助自己判斷的能力，市面上有很多書都有更完整的論述，例如從《微反應：從小動作、小表情看透他人的真實想法》中可以瞭解很多微表情並不是像電視劇一樣，某一種表情就一定是某一種反應，譬如摸脖子就是說謊，這樣子的論述過於武斷。像是我也常在講話過程中摸摸脖子，但其實是剛好很癢，並不是在說謊；況且每個人的生長教育背景不同，說話反應未必都會一樣，因此建議先弄清楚被觀察者應有的反應，才可能知道其異常之反應。

〈 結論與建議 〉

◎ 資料是一切判斷的基礎。

◎ 平常可以多用研究的角度，分析特定因素對於股價影響的未來走向。

◎ 學習微表情，有助於判斷上市櫃公司公開說明會中內容的真假。

41 │ 計畫力：操作懂的股票

》賺得剛剛好又多一點

投資一開始都是找些高手，跟著做看看；當自己有了一些經驗，投資理財知識也不斷累積，也逐漸建立自身的投資邏輯，這時候就要假設自己已經是高手，開始依據邏輯執行各種投資策略。

可是有一點殘酷的事實要認清，就是自己僅是「假設高手」的等級，還不是真正的高手；就算是真正的高手，投資邏輯必然還是無法滿分，畢竟多變的事情難以用一己之力加以因應，所以執行計畫後，無論結果如何，都要檢討這次計畫的完備性，找出缺點在哪裡並改正之，計畫不完善就要檢討。既然無法有100分的計畫，但只要缺失愈來愈少，勝率就會愈來愈高。

舉個例子，回想起三月跌到的8,500點，買在那邊的人很開心，雖然我們也為他們開心，自己也很懊惱怎麼沒買在那邊，到現在可是賺了4,000點，賺了差不多快1倍了，開心啊！

	依據計畫執行	未能依據計畫執行或無計畫
結果開心 賺錢	100分 確認計畫沒有漏洞	59分 運氣好
結果普通 或差	80分 檢討計畫缺失	0分 學點經驗值也不錯

參酌上表，假設你買在8,500點、賺了4,000點，回想看看你是哪一種情況？

1.之前就針對疫情擬定計畫，8,500點買入是依據計畫執行。

2.這個點位已經符合你平時買進的標準，例如量縮到1,200億元，跌破8,800點，進行第一波買進。（近10年高低差分成五等分，每一等分20%，8,800點剛好跌了40%）

3.感覺到便宜就下手了

如果是（1）（2），那可以有100分，只要再確認這個計畫確實有效，未來遇到類似情況，就可以安然輕鬆地應對；如果是（3），對不起，雖然你賺了錢，但你沒有一個穩定的計畫，說穿了就是運氣，是否還能複製在未來，這個就難說了。

對我而言，計畫中沒有8,500點，不符合災難投資法中的底部，所以我不會切入。但是在9,500點以上，加上降息、降息、無限QE之勢，符合之前反彈追高的設定，就切入了一些資金，也賺到了3,000點，算是有100分。

國家圖書館出版品預行編目(CIP)資料

圖解 慢賺的修練：翻滾吧！報酬率12%的資產雪球
錢世傑 著 / 第一版 / 臺北市：十力文化 / 2020 .12
頁數：272頁 / 14.8 * 21.0公分

ISBN　978-986-99134-5-4 (平裝)
1.股票投資　2.投資分析　3.投資技術

563.53　　　　　　　　　　　　　　109018520

圖解 慢賺的修練
翻滾吧！報酬率12%的資產雪球

作　　者　錢世傑

責任編輯　吳玉雯
封面設計　林子雁
書籍插圖　劉鑫鋒
美術編輯　陳瑜安

出 版 者　十力文化出版有限公司
發 行 人　劉叔宙
公司地址　11675台北市文山區萬隆街45-2號
通訊地址　11699台北郵政93-357信箱
電　　話　(02) 2935-2758
網　　址　www.omnibooks.com.tw
電子郵件　omnibooks.co@gmail.com
劃撥帳號　50073947
Ｉ Ｓ Ｂ Ｎ　978-986-99134-5-4
出版日期　2020 年 12月
版　　次　第一版第一刷
書　　號　D2010
定　　價　380元

地址：

姓名：

十力文化出版有限公司　企劃部收

地址：台北郵政 93-357 號信箱

傳真：（02）2935-2758

E-mail：omnibooks.co@gmail.com

讀 者 回 函

　　無論你是誰，都感謝你購買本公司的書籍，如果你能再提供一點點資料和建議，我們不但可以做得更好，而且也不會忘記你的寶貴想法喲！

姓名／　　　　　　　　　　性別／□女□男　　生日／　　　年　　　　月　　　　日
聯絡地址／　　　　　　　　　　　　　　連絡電話／
電子郵件／

職業／□學生　　　　□教師　　　　□內勤職員　　□家庭主婦　　□家庭主夫
　　　□在家上班族　□企業主管　　□負責人　　　□服務業　　　□製造業
　　　□醫療護理　　□軍警　　　　□資訊業　　　□業務銷售　　□以上皆是
　　　□以上皆非　　□請你猜猜看
　　　□其他：

你為何知道這本書以及它是如何到你手上的？
　　　請先填書名：
　　　□逛書店看到　　□廣播有介紹　　□聽到別人說　　□書店海報推薦
　　　□出版社推銷　　□網路書店有打折　□專程去買的　　□朋友送的　　　□撿到的

你為什麼買這本書？
　　　□超便宜　　　□贈品很不錯　　□我是有為青年　□我熱愛知識　　□內容好感人
　　　□作者我認識　□我家就是圖書館　□以上皆是　　　□以上皆非
　　　其他好理由：

哪類書籍你買的機率最高？
　　　□哲學　　　　□心理學　　　□語言學　　　□分類學　　　□行為學
　　　□宗教　　　　□法律　　　　□人際關係　　□自我成長　　□靈修
　　　□型態學　　　□大眾文學　　□小眾文學　　□財務管理　　□求職
　　　□計量分析　　□資訊　　　　□流行雜誌　　□運動　　　　□原住民
　　　□散文　　　　□政府公報　　□名人傳記　　□奇聞逸事　　□把哥把妹
　　　□醫療保健　　□標本製作　　□小動物飼養　□和賺錢有關　□和花錢有關
　　　□自然生態　　□地理天文　　□有圖有文　　□真人真事
　　　請你自己寫：